九州文库

人的发展与社会发展关系理论研究
——基于历史唯物主义视角

金国花　罗克全　著

九州出版社
JIUZHOUPRESS

图书在版编目（CIP）数据

人的发展与社会发展关系理论研究：基于历史唯物
主义视角／金国花，罗克全著. -- 北京：九州出版社，
2024. 8. -- ISBN 978-7-5225-3381-0

Ⅰ. A811. 64

中国国家版本馆 CIP 数据核字第 2024KC4837 号

人的发展与社会发展关系理论研究：基于历史唯物主义视角

作　　者　金国花　罗克全　著

责任编辑　蒋运华

出版发行　九州出版社

地　　址　北京市西城区阜外大街甲 35 号（100037）

发行电话　（010）68992190/3/5/6

网　　址　www. jiuzhoupress. com

印　　刷　唐山才智印刷有限公司

开　　本　710 毫米×1000 毫米　16 开

印　　张　16. 5

字　　数　155 千字

版　　次　2025 年 1 月第 1 版

印　　次　2025 年 1 月第 1 次印刷

书　　号　ISBN 978-7-5225-3381-0

定　　价　95. 00 元

目　录
CONTENTS

第一章

人的发展的基本内容

研究人，我们首先要回答人是什么及其特性。在马克思主义理论诞生之前还未形成有关人性理论与人的科学学说。从马克思创立唯物史观开始，人的学说以劳动实践为出发点，以社会性为核心形成科学理论体系。人作为一个整体，人性不同于其他动物的特性实质上是人在活动的过程中表现出来的整体特征。而这种整体特征主要表现在人与自然、人与社会以及人与自身的三种关系之中。人作为自然存在物、社会存在物、有意识的存在物以及实践存在物表现出人的自然属性、社会属性和精神属性。这些特性在相互作用与相互联系中形成整体的人，构成系统的人性结构，从而完整地呈现现实存在的人。

第一节 对人的考察

人类依赖于自然并与自然具有天然的联系，人是自然界发展到一定历史阶段的结果。人作为自然存在物具有生命性、需要、能动性、对象性、感性和受动性这些属性特征。人不仅是具有自然属性的自然存在物，而且还是具有社会属性的社会存在物。人是自然进化的结果，也是社会劳动的产物，在社会中产生，在社会中存在与发展。同时人具有精神属性，人是能思维的、有理性的动物。人的意识、思维形成的基础在于实践，人通过实践活动来维持自己的生存，将自己的思想、知识与能力作用于客观的对象世界，能动地改造客观物质世界。人的实践活动的不断发展与推进的过程，本质上是人的认识与实践能力不断提升与发展的历史进程。

一、人是自然存在物

人来自哪里？马克思主义哲学认为人是自然界长期进化的产物。恩格斯指出："最初发展出来的是无数种无细胞的和有细胞的原生生物……在这些原生生物中，有一些逐渐分化为最初的植物，另一些则分化为最初的动物。从最初的动物中，主要由于进一步的分化而发展出了动物的无数的纲、目、科、属、种，最后发展出神经系统获得最充分发展的那种形态，即脊椎动物的形态，而在这些脊椎动物中，最后又发展出这样一种脊椎动物，在它身上自然界获得了自我意识，这就是人。"①恩格斯科学地揭示了自然界发展的总过程与基本规律。人来源于自然，是自然界的一部分。人类依赖于自然并与自然具有天然的联系，人是自然界发展到一定历史阶段的结果。

人和自然的实际联系主要体现在：人类通过自己的劳动与智慧从自然中获取物质、能量与信息，以加工、处理及转化的方式满足人自身的生存与发展需要；与此同时，人类也向自然界输出物质、能量和信息，并影响与改变自然界，从而使人类与自然界建立相互联系。马克思在《1844 年经济学哲学手稿》中指出："从理论领域来说，植物、动物、石头、空气、光等等，一方面作为自然科学的对象，一方面作为艺术的对象，都是人的意识一部分"，是人类摄取信息的根源，"是人的精神的无机界，是人必须事先进行加工以便享用和消化的精神食粮"；"从实践领域说来，这些东西也是人的生活和人的活动的一部分。……人的普遍性正表现在把整个自然界——首先作为人的直接的生活资料，其次作为人的生命活动的材料、对象和工具——变成人的无机的身体"。② 人从自然界中直接获取生活

① 中共中央马克思恩格斯列宁斯大林著作编译局. 马克思恩格斯选集：第 4 卷 [M]. 北京：人民出版社，1995：273.

② 中共中央马克思恩格斯列宁斯大林著作编译局. 马克思恩格斯全集：第 42 卷 [M]. 北京：人民出版社，1979：95.

资料，同时自然界也是人的劳动对象与劳动材料，以及人的物质、能量的源泉。"自然界，就它本身不是人的身体而言，是人的无机的身体。人靠自然界生活，这就是说，自然界是人为了不致死亡而必须与之不断交往的、人的身体。所谓人的肉体生活和精神生活同自然界相联系，也就等于说自然界同自身相联系，因为人是自然界的一部分。"① 据研究，几乎一切外部自然环境元素都能体现在人体中。人不仅包含着自然，同时自然也包含着人，二者相互包含、相互作用、相互联系。人在社会活动中不断改变自身，人的自然因素并不会被消灭，社会因素和自然因素统一于人体中不断地得到历史性的发展。恩格斯说过，终有一天我们可以用实验的方法把思维归结为人脑中的分子运动和化学运动。

人的肉体是客观存在的，就必然要维持人体组织的生理需要。因此，这种维持人的生存与发展的生理需要即人的自然需要具有必然性。马克思指出，人要生活，首先就需要衣、食、住以及其他东西来满足其肉体需要，自然界作为人的无机的身体，这些生理需求的满足必然要到自然界中获取，人本身也是自然界的一部分，所以，人首先是一个自然存在物。人的自然存在这一特性是马克思确定人的存在特征的出发点。

在马克思看来，人的自然存在这一特征要以有生命的存在

---

① 中共中央马克思恩格斯列宁斯大林著作编译局. 马克思恩格斯全集：第42卷［M］. 北京：人民出版社，1979：95.

与人的对象性存在为前提内容。具体来说，人的生命存在是自然赋予人自身以天然的生命力，这种自然力表现为人的天赋和能力，情欲作为人自身中的自然存在于人之中。"激情、热情是人强烈追求自己的对象的本质力量"①，与此同时，这也是人改造对象世界的力量，进而使人具有能动性特征。人只能通过对象来表现人自身的生命力量和内在本质力量，因而人又具有了对象性特征。人之外的自然界作为人的无机身体，是为人自身的自然而存在，人靠自然界生活，同时人也为自然界而存在。人在参与自然过程中表现自己的生命与本质力量，人通过对象性的活动满足自身的需求，在此过程中展现人的生命与本质力量，同时反过来人之外的对象又客观地制约与影响着人的生存与发展需求的满足方式以及满足状况。由于客观外部对象不以人的意志为转移，因而人在进行改造世界的对象性活动时必须遵循自然规律，才能将自身本质力量现实化，从而使人又具有受动性特征。马克思指出："人直接地是自然存在物。人作为自然存在物，而且作为有生命的自然存在物，一方面具有自然力、生命力，是能动的自然存在物，这些力量作为天赋和才能、作为欲望存在于人身上；另一方面，人作为自然的、肉体的、感性的、对象性的存在物，和动植物一样，是受动的，

---

① 中共中央马克思恩格斯列宁斯大林著作编译局. 马克思恩格斯全集：第42卷［M］. 北京：人民出版社，1979：169.

受制约的存在物。"① 我们通过分析人作为自然存在物的属性，从中得出人具有生命性、需要、能动性、对象性、感性和受动性这些特征。

二、人是社会存在物

人不仅是具有自然属性的自然存在物，而且还是具有社会属性的社会存在物。正是在社会属性作用之下，人才具有与动物不同的自然属性特征。人具有被社会化了的自然属性，因而人是自然存在和社会存在的统一、自然属性和社会属性的统一。人是在社会中产生的，在社会中存在与发展。

人是自然进化的结果，也是社会劳动的产物。恩格斯在《自然辩证法》中指出"在某种意义上劳动创造了人本身"，说明了人和社会的内在联系。在社会中，人通过劳动活动将人的自然存在方面的才能逐步发展起来。恩格斯认为，"直立行走""手变得自由"以及"人脑的形成"等，都是社会活动的结果。人并不是生下来就成为真正的人，只有在社会交往、教育学习等社会活动的作用中逐渐形成人的社会属性，使人成为社会存在物，"社会本身生产作为人的人"②。有关"狼孩"的

---

① 中共中央马克思恩格斯列宁斯大林著作编译局．马克思恩格斯全集：第42卷［M］．北京：人民出版社，1979：167.

② 中共中央马克思恩格斯列宁斯大林著作编译局．马克思恩格斯全集：第42卷［M］．北京：人民出版社，1979：121.

故事有力地证明，人一旦脱离社会环境都不过是一个人形野兽。

首先人是自然存在，同时从根本上来说人还是社会存在。而且"只有在社会中，人的自然的存在对他说来才是他的人的存在"①。如果离开人的社会存在，就无法成为"人的存在"。动物所固有的特性都是天然存在的某种遗传程序的实现。人作为社会存在物在一定的社会机体中生存，社会决定着人的意识与行为动机。正如马克思所说，那些生下来就是国王和贵族的人们夸耀自己的血统、自己的家世，夸耀自己的肉体来源，这实际上是在宣扬一种"动物的世界观"："贵族的秘密就是动物学"②。

人不同于动物的纯粹自然属性，动物是只有自然本能的自然存在物，族类相当于个体的简单机械相加。动物界除了维持生命机体的生存以外更不需要学习与发展。但人作为社会的存在物，在一定的社会机体中生存必须参与社会交往活动，与他人在分工合作中产生联系，通过人与人的交往活动相互学习，并汇集全体成员的才智，在相互合作与竞争中形成大于个体的智慧与能力，从而推进人与社会的发展。人作为社会存在物，人类社会不是自然状态中个体的简单机械相加，而是人们有机

---

① 中共中央马克思恩格斯列宁斯大林著作编译局 . 马克思恩格斯全集：第42卷［M］. 北京：人民出版社，1979：122.

② 中共中央马克思恩格斯列宁斯大林著作编译局 . 马克思恩格斯全集：第1卷［M］. 北京：人民出版社，1956：377.

结合起来的整体。在现实生活中，任何个人都不可能以个体的方式独立面对自然，必须以群体的方式生活。因此，人只有通过联合起来的力量进行社会劳动才能够有效地改造自然，并在改造自然的过程中改造人自身。

人与人在相互依存、相互作用、相互合作的社会交往中构成社会群体。马克思说："个人是社会存在物。因此，他的生命表现，即使不采取共同的、同其他人一起完成的生命表现这种直接形式，也是社会生活的表现和确证。"① 马克思又进一步总结："孤立的一个人在社会之外进行生产——这是罕见的事。"② 单独的个人的许多方面的能力在自然界面前不如动物，在社会合作中人的能力优于其他一切动物，利用一切存在物为人自身服务，体现出人的力量。人通过合作的方式将每一个个体的力量结合起来，发挥整体的作用，从而能够完成个体无法完成的任务。马克思指出："通过协作提高了个人生产力，而且是创造了一种生产力，这种生产力本身必然是集体力。"③ 此外，"单是社会接触就会引起竞争心和特有的精力振奋，从而提高每个人的个人工作效率"④。

---

① 中共中央马克思恩格斯列宁斯大林著作编译局. 马克思恩格斯全集：第 42 卷 [M]. 北京：人民出版社，1979：122—123.
② 中共中央马克思恩格斯列宁斯大林著作编译局. 马克思恩格斯全集：第 46 卷上 [M]. 北京：人民出版社，1979：21.
③ 中共中央马克思恩格斯列宁斯大林著作编译局. 马克思恩格斯全集：第 23 卷 [M]. 北京：人民出版社，1972：362.
④ 中共中央马克思恩格斯列宁斯大林著作编译局. 马克思恩格斯全集：第 23 卷 [M]. 北京：人民出版社，1972：362—363.

三、人是有意识的存在物

"人是有意识的类存在物"①，人具有精神属性，是有意识、有理性思维的人，这是人区别于一般动物和人之为人的重要特征之一。动物和自然界是直接同一的。动物只是自然界的一部分，它没有意识。动物的活动是一种自然活动，动物和它的生命活动是直接同一的。而"人则使自己的生命活动本身变成自己的意志和意识的对象。他的生命活动是有意识的。……有意识的生命活动把人同动物的生命活动直接区别开来"②。因此，人是能思维的、有理性的动物。

人的意识、思维形成的基础在于实践，但人的意识、思维一旦形成就对实践具有巨大的反作用。人类实践活动的能力和水平直接取决于实践活动"在多么大的程度上受到一般智力的控制并按照这种智力得到改造"③。人通过思维理性并根据客体的属性和主体的需要而产生实践的目的。人在实践活动中所运用的工具和手段正是实践发展水平的重要标志，而一切实践的工具、手段本质上是马克思所指出的"物化的智力"。

---

① 中共中央马克思恩格斯列宁斯大林著作编译局. 马克思恩格斯全集：第42卷［M］. 北京：人民出版社，1979：96.

② 中共中央马克思恩格斯列宁斯大林著作编译局. 马克思恩格斯全集：第42卷［M］. 北京：人民出版社，1979：96.

③ 中共中央马克思恩格斯列宁斯大林著作编译局. 马克思恩格斯全集：第46卷（下）［M］. 北京：人民出版社，1980：220.

此外，情感是人作为主体对客体是否符合自己需要的某种心理反应、内部体验，是人的行为不可缺少的因素。在实践活动中"激情、热情是人强烈追求自己的对象的本质力量"①，积极的激情、热情可以促使人投入活动；激情、热情还会使人表现出极大的劳动主动性、创造性，这是一种巨大的精神力量，是活动持续进行的必要因素，而且在关键时刻可以转化为巨大的物质力量，决定着活动的成败。

人的精神属性表明，人与动物不同的一个重要方面是人有一个包括知、情、意在内的特殊的心理结构，有一个与外部客观世界不同的内部的主观世界，并由此产生了人的精神生活、精神需要和精神能力，产生了人的活动不同于动物活动的主观能动性。毛泽东说："思想等是主观的东西，做或行动是主观见之于客观的东西，都是人类特殊的能动性。这种能动性，我们名之曰'自觉的能动性'，是人之所以区别于物的特点。"②动物没有主观，没有严格意义上的精神、意识，动物的活动可以说是客观的、感性的活动，因而不能称之为主观能动性的活动。

四、人是实践存在物

人通过实践活动来维持自己的生存。实践这一人的特殊生

---

① 中共中央马克思恩格斯列宁斯大林著作编译局 . 马克思恩格斯全集：第 42 卷 [M]. 北京：人民出版社，1979：169.
② 毛泽东 . 毛泽东选集：第 2 卷 [M]. 北京：人民出版社，1991：477.

命活动形式使人区别于其他动物，是人的存在方式。实践作为人的生命活动的存在方式主要有四个基本特征：

第一，实践具有创造性。实践是人特有的对象化活动，人在实践活动中才能够能动地改造客观物质世界。具体来看，实践主体是人，实践是人以改造客观事物为目的的对象性活动，更重要的是人通过实践活动将自己的思想、知识与能力作用于客观的对象世界，即通过发挥主观能动性将人自身的本质力量呈现为客观实在，马克思指出："劳动的产品就是固定在某个对象中、物化为对象的劳动，这就是劳动的对象化。劳动的实现就是劳动的对象化。"① 人的实践活动所具有的自主性特征不同于以消极的方式适应自然的动物的活动特性。人的实践活动的自主性特征具体表现在，人通过认识客观规律并利用客观规律来指导实践活动，从而掌握客观世界、占有客观事物，达到创造属于人的世界的目的。这种属于人的世界的创造是人通过实践活动改造客观世界的结果，正是人的这种创造性的实践活动才形成了适合人生存与发展的属于人类的世界。

第二，实践具有客观现实性。人的实践活动是客观物质活动，实践由实践主体的人、实践的对象世界、实践的手段这三种客观实在的可感知的要素构成，只有在这一前提下才能呈现实践状态；人的意识通过实践活动才能够呈现为现实的客观存

---

① 中共中央马克思恩格斯列宁斯大林著作编译局 . 马克思恩格斯全集：第 42 卷［M］. 北京：人民出版社，1979：91.

在，实践的结果是人的意识外在化的客观事实；客观条件以及客观规律制约实践活动的开展。实践活动是感性实体的人与感性实体的物之间以感性的方式发生关系，同时作用于感性对象的客观活动。实践将人自身作为物质力量、物质手段，因而具有直接现实性的特征，即实践是物质力量的人以物质手段与物质世界发生实际关系的活动，这一过程具有客观实在性。

第三，实践具有自觉能动性。实践生成人的意识，并使人的意识得以实现与确证，正是"有意识的生命活动把人同动物的生命活动直接区别开来"。人在实践过程中在其劳动以及语言的推动之下，形成意识以及自我意识能力，进而生成人有意识的生命活动，使人成为"有意识的类存在物"。正如马克思所说："通过实践创造对象世界，即改造无机界，证明了人是有意识的类存在物。"①人正是在实践中创造出人的特有属性，从而将自己区别于动物，并提升到人的层面，这一切都归功于人的实践活动。人的"能动的自然存在物""社会存在物""有意识的类存在物"的属性都统一于实践。正如马克思所说："个人怎样表现自己的生活，他们自己就是怎样。因此，他们是什么样的，这同他们的生产是一致的——既和他们生产什么一致，又和他们怎样生产一致。"②人的实践活动构成了人的

① 中共中央马克思恩格斯列宁斯大林著作编译局．马克思恩格斯全集：第42卷［M］．北京：人民出版社，1979：96．

② 中共中央马克思恩格斯列宁斯大林著作编译局．马克思恩格斯选集：第1卷［M］．北京：人民出版社，1995：67—68．

存在方式，证明了人是实践存在物，也只有通过实践才能使人成为自我创造、自我发展、自我实现的主体性的存在。

实践不同于自然物的直接现实性，不是纯粹的直接现实性，而是包含人的主观活动的直接现实性。实践是在人的主观活动引导下，将人的意识外化为客观实在，这正是人自觉地改造客观世界的创造性活动。人通过发挥主观能动性将人的需求投射到对物的改造中去，从而使观念的东西转化为物质的东西，这时物被赋予人的需要的意义，人的需要支配物，物从属于人，物为人所用，从而达成物与人的统一关系，即"为我而存在"的关系。① 人同自然之间相互作用的实践活动根本不同于自然物体之间相互作用的自然运动。人的实践活动所具有的自主性、目的性、创造性特征彰显了实践活动的自觉能动性。

人的主体性正是体现在人的实践活动的自主性与创造性特征中。人的实践活动主体是人，同时人的实践活动的目的是人的生存与发展，在实践活动中人与物之间的关系是人支配物而不是物支配人，因而在实践活动中人处于客观自然世界的主体地位。在实践活动中人通过发挥自身的主观能动性，认识并利用客观规律改造客观事物为人所用，从而创造适合人生存与发展的环境，这是人的主体能动性的充分彰显。人又具有主体意识，通过意识到人自身的存在，进而在实践活动中能够自觉地

---

① 中共中央马克思恩格斯列宁斯大林著作编译局．马克思恩格斯选集：第 1 卷 [M]．北京：人民出版社，1995：81．

区别人与自然界。人的实践活动的不断发展与推进的过程，本质上是人的认识能力与实践能力不断提升与发展的历史进程。

第四，实践具有社会历史性。人类生存的第一个前提是必须能够生活，所以，人类的第一个历史活动就是物质生产活动，即"生产物质生活本身"。人类的生存与发展条件是通过人的实践活动创造的，因而实践是人的生存之本与生命之根。在实践过程中人与人之间形成一定的社会关系，"以一定的方式进行生产活动的一定的个人，发生一定的社会关系和政治关系"①。这种社会关系反过来规定与制约人的本质以及人的活动。因此，人的本质在其现实性上是社会关系的总和，而社会关系是在人的实践活动中生成的。实践是在一定的社会关系中进行的并历史地不断发展着的社会性活动。实践不仅是个体活动也是一种社会活动，人通过社会力量同自然界发生关系，社会关系与历史条件制约着实践的规模、范围以及实践的对象与方式。所以，马克思指出："为了进行生产，人们相互之间便发生一定的联系和关系；只有在这些社会联系和社会关系的范围内，才会有他们对自然界的影响，才会有生产。"② "甚至当我从事科学之类的活动，即从事一种我只是在很少情况下才能同别人直接交往的活动的时候，我也是社会的……不仅我的活

---

① 中共中央马克思恩格斯列宁斯大林著作编译局 . 马克思恩格斯选集：第 1 卷 [M]. 北京：人民出版社，1995：71.

② 中共中央马克思恩格斯列宁斯大林著作编译局 . 马克思恩格斯选集：第 1 卷 [M]. 北京：人民出版社，1995：344.

动所需的材料，甚至思想家用来进行活动的语言本身，都是作为社会的产品给予我的，而且我本身的存在就是社会的活动。"①

马克思认为一个物种的生命活动形式表现着这一物种的存在方式，"一个种的全部特性、种的类特性就在于生命活动的性质"②。动物以消极地适应自然的方式来维持自身生存，动物本能性的活动表现其存在方式，这一特性是由动物的生理结构决定的。不同于动物，人积极地利用工具改造自然从而维持自身生存与发展，在这一过程中形成人类社会历史。总而言之，人通过实践创造人的社会关系以及人的社会本质，从而使人成为社会历史的存在物。

第二节　人的发展的基本内涵

人类历史是人不断发展的历史。人的需求不断发展是人的一切实践活动的内在推动力，人通过不断提升自身的认识能力与实践能力来满足人的自我发展、自我完善的需要，这也是历史发展的全部内容，这一过程与人类历史发展一致。人的真正

① 中共中央马克思恩格斯列宁斯大林著作编译局. 马克思恩格斯全集：第42卷［M］. 北京：人民出版社，1979：122.

② 中共中央马克思恩格斯列宁斯大林著作编译局. 马克思恩格斯全集：第42卷［M］. 北京：人民出版社，1979：96.

意义的发展体现在人的全面发展，从人类整体和人类个体两个方面来理解人的全面发展。人的发展过程要经历个人发展阶段、个性发展阶段、自主发展阶段三个过程。在不同的阶段人的发展是前后相继的，前一个阶段为后一个阶段的发展提供前提条件，后一个阶段发展了前一个阶段。在人类的历史发展中，个体发展与社会发展之间是对立统一的关系。人只有在遵循社会发展规律的基础上，在人与人的和谐关系以及社会环境条件的支持下才能实现个人的发展，促进人的自由全面发展进程。此外，历史发展是每一时代无数个个体的发展的合力推动的结果，个体发展水平决定着整个人类的发展进程，这就意味着人类的历史是个体发展的历史。在人类历史长河中，个人的发展是有限的而每一代人的接续发展是无限的，在有限与无限的接续发展中不断推动人类历史的永续发展。同时，发展要以全人类的利益为核心，才能实现个体发展与人类发展的和谐统一。

一、人的发展的含义

从个人的发展来说，从出生到死亡是人的身体组织的自然发展过程；人的知识增长、能力提高、心理成熟等是人在社会中的发展。从人类整体和人类个体两个方面来理解人的全面发展，这两个方面既存在区别，又存在联系，二者是辩证统一的关系。

个人发展和人类发展具有不同的内涵。个人发展，一方面是个人从自然人转化为社会人，个体在社会生活实践过程中不断地适应社会，并在社会文化环境下接受教育，从而成为合格的社会成员，即个体社会化；另一方面是个人性格特征、行为特征、个人能力的生成以及个人自我价值和社会价值的实现等，即个体个性化。个人发展的前提是个体社会化，而个人发展的落脚点和最高目标是个体个性化，这是个人发展的实质内涵。人的发展表现为人从自然压迫和社会压迫中获得解放，从而推进人的自由全面发展。从宏观角度考察人的发展，是在人与人、人与自然、人与社会、人自身的发展这一体系中去研究。

人是在一定社会环境中的社会关系作用下生存与发展的，因而必须在社会关系中考察并把握个体的发展。人要经历三个阶段的发展过程：首先，个人发展阶段。人在生命初始阶段，没有父母或成年人的照顾不可能得以生存与发展，整个青少年成长时期依赖于成年人，在社会关系中处于从属地位，缺乏个性意识，这一阶段上的个人只能算作是自然意义上的个人，个人的生存方式呈现出自然的必然性。其次，个性发展阶段。青年时期人的心理、情感以及思维方式和个人能力不断成熟并渐趋定型，形成个体的个性特征，这时人已有实际又理想的自我形象，并具备一定的自我控制能力，在社会中发挥一定的作用。青年时期的职业选择是人的个性形成阶段的关键契机，伴随年纪的增长，人的社会生活能力也不断地增长。最后，自主发展阶段。人在适应了社会生活以及社会关系之后对自己的个性与能力有了更为成熟的、合乎实际的评估，个性稳定，人的世界观形成。在这一阶段人可以独立自主地思考并从事社会活动。总的来说，从生理方面来看，人的成长分为童年、青年和成年不同的阶段；从人格方面来看，包括个人、个性和自主性的历史发展过程。人的发展的不同阶段是前后相继、不可分割的，前一个阶段为后一个阶段发展创造基础与前提条件，后一个阶段以更高级的方式整合并包含了前一个阶段。

在人类的历史发展中，人不仅是个体存在，也是类存在，个体与类是对立统一的关系。马克思认为："人最初表现为类存在物，部落体，群居动物——虽然决不是政治意义上的政治动物。"[①] 群体作为个体发展的前提，"某一阶级的各个人所结成的、受他们的与另一阶级相对立的那种共同利益所制约的共同关系，总是这样一种共同体，这些个人只是作为普通的个人隶属于这种共同体，只是由于他们还处在本阶级的生存条件下才隶属于这种共同体；他们不是作为个人而是作为阶级的成员处于这种共同关系中的"[②]。"只有在共同体中，个人才能获得全面发展其才能的手段，也就是说，只有在共同体中才可能有

---

① 中共中央马克思恩格斯列宁斯大林著作编译局. 马克思恩格斯全集：第30卷［M］. 北京：人民出版社，1995：489.
② 中共中央马克思恩格斯列宁斯大林著作编译局. 马克思恩格斯选集：第1卷［M］. 北京：人民出版社，1995：121.

个人自由。"① 这说明个体发展要以共同体为基础，同时"一个人的发展取决于和他直接或间接进行交往的其他一切人的发展，彼此发生关系的个人的世世代代是相互联系的，后代的肉体的存在是由他们的前代决定的，后代继承着前代积累起来的生产力和交往形式，这就决定了他们这一代的相互关系。总之，我们可以看到，发展不断地进行着，单个人的历史决不能脱离他以前的或同时代的个人的历史，而是由这种历史决定的"②。个人的发展离不开与其他人的交往，人与人、人与社会在相互依赖中推进发展。马克思在《青年在选择职业时的考虑》中提道："在选择职业时，我们应该遵循的主要指针是人类的幸福和我们自身的完美。不应认为，这两种利益是敌对的，互相冲突的，一种利益必须消灭另一种的；人类的天性本来就是这样的：人们只有为同时代人的完美、为他们的幸福而工作，才能使自己也达到完美。"③ 由于个体具有自主意识和独立的人格，必然会激发个体的特殊利益需求，这种特殊的动机会与他人和整个社会的利益需求相冲突。因此，个人的发展需要人与人的和谐关系以及社会环境条件的支持，个人的发展

---

① 中共中央马克思恩格斯列宁斯大林著作编译局. 马克思恩格斯选集：第 1 卷 [M]. 北京：人民出版社，1995：119.

② 中共中央马克思恩格斯列宁斯大林著作编译局. 马克思恩格斯全集：第 3 卷 [M]. 北京：人民出版社，1960：515.

③ 中共中央马克思恩格斯列宁斯大林著作编译局. 马克思恩格斯全集：第 40 卷 [M]. 北京：人民出版社，1982：7.

要遵循社会发展规律、顺势而为才能够不断地提升与完善自身的本质力量，实现人的自由全面发展。个体发展与他人发展、个体发展与社会发展的对立统一关系中生成并推进人类历史的发展。

　　人类社会历史从奴隶社会到资本主义社会的发展过程中，一部分人的发展是以牺牲大多数人的发展为代价的。对此，马克思曾说："作为过去取得的一切自由的基础的是有限的生产力，受这种生产力所制约的、不能满足整个社会的生产，使得人们的发展只能具有这样的形式：一些人靠另一些人来满足自己的需要，因而一些人（少数）得到了发展的垄断权；而另一些人（多数）经常地为满足最迫切的需要而进行斗争，因而暂时（即在新的革命的生产力产生以前）失去了任何发展的可能性。"① 在生产力还不发达的社会发展阶段，社会发展是以牺牲一部分人的发展为手段，这是历史发展的必然性。马克思指出，"'人'类的才能的这种发展，虽然在开始时要靠牺牲多数的个人，甚至靠牺牲整个阶级，但最终会克服这种对抗，而同每个个人的发展相一致，因此，个性的比较高度的发展，只有以牺牲个人的历史过程为代价。因为在人类，也象在动植物界一样，种族的利益总是要靠牺牲个体的利益来为自己开辟道路的，其所以会如此，是因为种族的利益同特殊个体的利益相

---

① 中共中央马克思恩格斯列宁斯大林著作编译局．马克思恩格斯全集：第3卷 [M]．北京：人民出版社，1960：507.

一致，这些特殊个体的力量，他们的优越性，也就在这里"①。只有在马克思所设想的未来共产主义社会中才能消除个体与他人以及人的发展与社会发展之间的对立关系，从而实现人的发展与社会发展和谐统一，最终推进人的自由全面发展。

　　每一时代无数个体的发展的合力推动人类历史发展，人类的历史是个体发展的历史。人类社会早期，个体发展水平低，个体依附于并依赖于群体，群体利益占据主导地位。在近现代工业社会，个体发展水平提升，个体主体地位占据主导。一旦个体主体本位缺乏一定的约束机制便会成为一种盲目、自发、放任的个体主体发展态势。这种利己主义态度使人与自然、人与社会、人与人的关系相对立。孤立的个体只关心自己的私人利益，忽视他人利益、整体利益和长远利益。个体主体放大自我，缺乏社会约束，必然造成个体行为的自觉性与整个社会的无政府状态的矛盾。要想实现全人类的发展，必须将全人类利益作为出发点与落脚点，实现个体发展与人类发展的和谐统一。

二、人的发展的规律

　　人作为社会存在物，人的主体选择与一切实践活动都受到

---

　　①　中共中央马克思恩格斯列宁斯大林著作编译局．马克思恩格斯全集：第26卷第2册［M］．北京：人民出版社，1973：124—125.

社会发展规律的制约，人的发展与社会关系自始至终是联系在一起的，社会规律是人的活动规律的外在表现，因而有必要通过考察社会规律来思考人的发展规律。

（一）人和社会环境条件相互作用的规律

人从出生开始就生存于一定的自然环境与社会环境之中。人产生于一定的环境中，环境对人具有基础性的作用，环境对人的影响是第一性的，而人对环境的作用是从属性的。人与环境是互相依存、互相制约、互相创造的。

人生存与发展的实践活动受自然环境与社会环境的制约。我们在这里所说的主要是复杂的社会环境。人类以劳动实践活动为手段来生存与发展，社会发展水平越高人类的认识与利用自然界为人自身服务的能力就越高。人从出生开始就生活于既定的社会环境条件中，并受一定的社会历史条件的制约。人类的一切创造性的实践活动都是基于既定的社会环境条件下进行的，并不断推进社会历史的发展，因此，社会历史条件是以往历史条件在人的创造性活动中不断动态发展的结果。社会环境为人的生存与发展提供了前提条件，人无法自由选择社会历史条件，而只能在现有环境条件基础上进行发展，人的一切活动必然要遵循社会发展规律才能得以顺利展开，并取得进展。

"人们自己创造自己的历史，但是他们并不是随心所欲地创造，并不是在他们自己选定的条件下创造，而是在直接碰到

的、既定的、从过去承继下来的条件下创造。"① 这正体现了
人和社会的相互作用关系中，社会环境条件对人的生存与发展
的制约作用。马克思对人与社会之间关系的分析中认为："历
史不外是各个世代的依次交替。每一代都利用以前各代遗留下
来的材料、资金和生产力；由于这个缘故，每一代一方面在完
全改变了的环境下继续从事所继承的活动，另一方面又通过完
全改变了的活动来变更旧的环境。"② 也就是说，人首先是时
代的产物，必须在继承以往社会历史条件基础上进行创造性活
动，依据人自身不断发展的需要创造出更有利于人的自由全面
发展的社会环境条件，推动人与社会环境的良性发展。人的生
存与发展受环境影响，如果社会环境条件落后必然将阻碍人的
发展。

（二）有限性和无限性接续发展的统一规律

人是个体存在与类存在的统一。人类的历史是无数个体合
力的结果，每个时代每一个个体发展水平决定着整个人类的发
展程度。但个体生命长度的有限性，使得个体的发展具有有限
性，这种有限性无法一直延续历史发展。而对于整个人类历史
的发展来说，每一代人的接续发展是无限的，从而推动人类历
史的永续发展。因此，人类整体发展的历史是由每一个个体的

---

① 中共中央马克思恩格斯列宁斯大林著作编译局. 马克思恩格斯选集：第 1 卷
[M]. 北京：人民出版社，1995：585.

② 中共中央马克思恩格斯列宁斯大林著作编译局. 马克思恩格斯选集：第 1 卷
[M]. 北京：人民出版社，1995：88.

发展构成的，而个体的发展又蕴含着人类的发展。

　　个体的发展和社会的发展进程中尽管包含着曲折、循环与倒退，但整体来说是前进的，呈低级向高级的发展趋势。个体作为生物体有一个从幼稚不断地走向成熟、从简单不断地走向丰富的过程，这是个体社会活动的过程。在这一发展过程中会受到自然过程的限制，人作为生物体的个体具有从成熟走向衰老的一个自然过程，在这一进程中同时进行着社会过程放慢或陷于停滞，直到肉体死亡而终止。个人的发展又受到当时的社会生产力以及科学技术发展状况的制约，同时由于单个人的认识与实践能力、智能与体能以及生命的有限性等原因，个人的发展是有限的。而对人类整体来说，只要人类存在，类的发展会一直持续。在社会历史发展长河中，不断出现的前后相继的无数个人积淀汇合成人类历史的总体性发展，这是无限的发展过程，这种无限性是一代又一代个体对社会历史的继承与延续。先前社会历史的成果成为后人发展的起点，前人在经济、政治、文化等方面的成就不会因个体自然消亡而随之消失。就这样，在历史无限循环上升发展中一代又一代人不断地延续下去，从而形成类的发展。除此之外，还有同时代人的社会交往、合作、竞争、融合中形成代际传递与代内交流，使纵向的延续与横向的交融共同形成类的发展。从而使人类的认识与实践能力以及人类创造的社会生产力和科学技术得到无限的发展，这些都为人类的无限发展奠定了物质和精神基础。

个体的有限性中蕴含着类的无限性，类的无限性寓于个体的有限性之中，由此个体的有限性才能过渡到类的无限性。反过来说，类的无限性是由个体的有限性组成的，类的无限性蕴含着无限的个体的有限性。因此，类的无限性转化为无限多的有限性，个体的无限发展是不可能的，而类的无限发展是可能的。从这一意义上讲，有限的个体也就实现了自己的无限性。

（三）自发性逐渐降低与自觉性逐渐增强的规律

人的自发活动是最低层次的基础性活动，自发活动受传统思维习惯以及给定的图式与规则影响而自然而然地进行重复性实践活动。人的自发活动不是纯粹自然的产物，而是传统习惯、习俗等文化因素构成其内在结构。个体所要面对的是历史的精神遗产以及传统习惯的活动方式的重复和历史规则既定的影响作用。人的自然活动与动物的自然活动在本质上存在着根本差别，流传下来的传统的重复性实践活动方式不同于纯粹自然运动。人的自发活动又受到客观规律以及异己力量的制约。

人类社会历史发展进程中，人的实践活动的自发性不断地转化为自觉性，但一定层次的自觉性又总是包含着更深层次的自发性，自发性又会转化为自觉性，循环往复中向更高层次的自觉性发展，促使人的自觉性不断地得到深化发展。人类社会历史的发展以及人的实践活动水平提升推动着人的自觉性水平不断地深化。而人的自发性活动会随着人的自觉性的增多而不断减少，但人的自发性不会消失。人的认识与实践能力是一个历史生成与发展的过程，人在实践活动过程中不断地提升与完善自己的本质力量，从而总是在更高层面上获得自由自觉的活动能力，不断地推进主体解放。

在人类历史发展的长河中人的自觉性与自发性是并存的。随着人类社会历史的不断发展，人的自觉性不断增强，即便是在共产主义社会，自发性并不会被完全取代，人的智慧是有限的，自发性一直会伴随人类历史的始终。当个体利益凸显时，人的认识与实践活动取向将受到个体主体目的的限制。在共产主义社会以前自发性占主导地位，而在共产主义社会中人类能够自觉地进行创造历史的活动。在早期社会，人的自觉性程度较低，只有在人的认识与实践能力有了更高程度的提升才能获取更高的自觉性，这是不断循环往复上升发展的过程。

三、人的发展历史过程的表现形态

人的生存与发展的一切实践活动是社会历史发展的全部内容，社会历史的发展本质上是人发展人本身的过程，终极目标是人的全面发展。因而人的发展不仅是自我发展、自我完善的产物，同时也是社会历史不断发展的产物。在马克思看来，人的发展的历史过程大致分为三个发展阶段。

（一）第一个阶段：原始丰富的人

这一时期，由于生产力水平极其低下，人在极大程度上依赖并受制于自然，人的认识与改造自然的能力弱，无法有效地将自然资源与能源转化为生产力，自然因素在人的活动中占优势。这一时期人类社会发展中自然经济占主导，人们主要是在自然界共同进行自耕自足的物质生产活动，因而形成了个人对共同体的依赖关系，人的依赖关系正是与这一经济社会条件相适合。"自然作为生活资料的富源展现在人们面前，人们对它采取被动的宽容态度而行动。"① 因此，人的本质力量无法得到充分、全面的发展。由于生产力落后、生产工具简陋、个人的能力低下导致人不得不依靠其他人才能生存，这一时期个人对他人、对共同体的依赖性达到最高水平，因而人与人之间的依赖关系占主导，"在这种形态下，人的生产能力只是在狭窄的范围内和孤立的地点上发展着"②。此外，社会分工落后，人们的活动范围只在某一共同体内，自然血缘关系以及统治与被统治的关系成为普遍性，个人为了生存必然要在最大程度上依赖社会共同体。

人的发展实质上是人的本质能力的全面发展，具体表现为实践活动能力。在社会发展早期，马克思认为这种能力是"原始的丰富"。由于生产力极其落后，经济发展水平极低，导致社会交往活动狭窄、社会关系单一，这种"原始"的能力受到一定的局限性，人的本质力量的发挥不自由、发展不丰富。人

---

① 施密特. 马克思的自然概念［M］. 欧力同，等译. 北京：商务印书馆，1988：128.

② 中共中央马克思恩格斯列宁斯大林著作编译局. 马克思恩格斯全集：第46卷（上）［M］. 北京：人民出版社，1979：104.

的发展活动在前资本主义社会阶段仅限于狭隘的地域范围。由于这一时期尚未出现分工，马克思所说的"原始的丰富"主要体现在人的活动能力的全面性与丰富性，仅仅是因为在人类社会发展早期阶段人的活动完整性尚未被分割，个人的脑力劳动与体力劳动统一于个人的活动中，个人还从事着多种活动或一个活动各方面的劳动，甚至可以独立地进行全部劳动活动过程，从而使人的发展呈现出一种"原始的丰富"①，但社会交往活动与社会关系是狭隘、贫乏的，而不是"丰富"的。正如马克思所言，"那正是因为他还没有造成自己丰富的关系，并且还没有使这种关系作为独立于他自身之外的社会权力和社会关系同他自己相对立"②。这种人的发展的"原始的丰富"，只是人的认识与实践能力都处于极低水平，以及落后的生产力同狭窄的区域性的交往活动基础上形成的单一、贫乏的生产关系的产物，因而在这里人不可能实现真正的全面丰富性的发展。个人极大程度上从属于共同体，个人的需求与发展受共同体整体发展需要的限制并通过共同体来体现，人自由自觉的活动本性处处受限。马克思将这一时期自然经济为主导的社会形态中人的发展状态概括为"狭隘地域的个人"和"狭隘人群的附

---

① 中共中央马克思恩格斯列宁斯大林著作编译局. 马克思恩格斯全集：第46卷（上）[M]. 北京：人民出版社，1979：109.
② 中共中央马克思恩格斯列宁斯大林著作编译局. 马克思恩格斯全集：第46卷（上）[M]. 北京：人民出版社，1979：109.

属物"①。在有限狭隘的范围内活动的人，必然只能生成简单的需要，由于生产工具落后，能够认识并利用自然的能力低下，仅靠单个人无法从自然界获取生存资源，因而这种需要的满足要依赖群体性活动来实现。

就人的活动来说，人类的活动主要是在自然界进行的群体性的生产劳动，具有原始的单一性特征。个人依赖于群体进行活动，因而不具有独立自主性，这是在早期社会发展阶段个人的生存方式与手段。"他们还是半动物，是野蛮的，在自然力量面前还无能为力，还不认识他们自己的力量；所以他们像动物一样贫困，而且生产能力也未必比动物强。"② 社会的生产力水平极其低下，生产工具落后，个人在极大程度上依附于自然，认识与改造自然的能力有限，个人无法抵抗自然力。同时，个人又完全受制于社会共同体，失去人的独立个性，个体力量有限只能依存于社会共同体的整体力量，人的个性完全融入共同体之中，个人以社会共同体的方式展现自己。个人与社会共同体之间互为手段，在这里人的活动具有无个性的单一性特征。

就人的社会关系来说，人的活动范围局限在一定的区域，

① 中共中央马克思恩格斯列宁斯大林著作编译局. 马克思恩格斯全集：第46卷（上）[M]. 北京：人民出版社，1979：18.

② 中共中央马克思恩格斯列宁斯大林著作编译局. 马克思恩格斯选集：第3卷[M]. 北京：人民出版社，1995：522.

社会关系单一、贫乏，人与自然、人与人、人与社会完全融合在具有原始特征的"整体"，马克思指出："我们越往前追溯历史，个人，从而也是进行生产的个人，就越表现为不独立，从属于一个较大的整体。"① 在这里个人没有个性，没有自我意识，每一个个体都遵循共同体的整体意识。"严格说来，这是作为共同体或群体的人的发展，而不是作为个人的人的发展，不是真正自由的和富有内容的发展。"② 社会发展早期是以血缘关系和政治等级关系为主导的社会共同体存在模式，人的活动局限在某一共同体范围内，个人从属于共同体。这是在生产力水平极端低下的发展阶段，人们为了达到生存下来的目的而本能地接受的结果，并不是人自由自觉地选择的结果，更不是人的真正发展需要。个人对自然的极大依赖必然生成人对社会共同体的依附性，这是人的生存本能的自然需求。人与自然以及人与社会共同体之间还没有形成符合人的本质力量发展的关系。这一时期个人与个人之间、各共同体的人之间、共同体之间关系贫乏，受社会生产力的影响，社会关系单一、贫乏，从而制约人的活动方式、活动范围、活动能力，因而可以说这种人的活动的"原始的丰富"是伴随着这种社会关系的水平状态而存在的。正如马克思所言："在发展的早期阶段，单

---

① 中共中央马克思恩格斯列宁斯大林著作编译局. 马克思恩格斯全集：第46卷（上）[M]. 北京：人民出版社，1979：21.

② 韩庆祥. 发展与代价 [M]. 北京：人民出版社，2002：131.

个人显得比较全面，那正是因为他还没有造成自己丰富的关系。"① "在这里，无论个人还是社会，都不能想象会有自由而充分的发展，因为这样的发展是同个人和社会之间的原始关系相矛盾的。"② 由此可知，人的发展是以一定的社会基础为前提条件，社会关系的发展程度与人的发展水平、发展特征具有直接关系。马克思将这一阶段的人的发展特征概括为"人的依赖关系"。马克思进一步指出："留恋那种原始的丰富，是可笑的，相信必须停留在那种完全的空虚之中，也是可笑的。"③因此，只有打破这种"原始的丰富"才能够推动人的发展。

（二）第二个阶段：片面独立的人

社会生产力的发展提升了人对自然资源的社会物质变换水平，社会交往活动范围不断扩大，这又从地域上打破了人的活动的狭隘空间，进而丰富了社会关系。社会为了适应生产力发展的需要，不断地扩大再生产，与此同时市场不断地从一个地域范围延伸至整个世界，世界市场的形成进一步促进了社会关系的发展，社会关系的发展又不断地推动人的发展。资本主义社会的发展进一步打破了前资本主义社会人与人之间的依附关

---

① 中共中央马克思恩格斯列宁斯大林著作编译局. 马克思恩格斯全集：第46卷（上）[M]. 北京：人民出版社，1979：109.

② 中共中央马克思恩格斯列宁斯大林著作编译局. 马克思恩格斯全集：第46卷（上）[M]. 北京：人民出版社，1979：485.

③ 中共中央马克思恩格斯列宁斯大林著作编译局. 马克思恩格斯全集：第46卷（上）[M]. 北京：人民出版社，1979：109.

系以及人与共同体之间的从属关系，个人不再以传袭下来的固定的奴隶身份被强迫参与活动，整个共同体中的成员也不会被限制于特定社会活动空间范围，从而在社会活动与社会关系方面获得了独立。在这里人不再依附于人，人可以支配自己的劳动。人的能力与社会关系形成普遍性和全面性，人的"原始丰富性"逐渐被否定，打破了由血缘关系和政治关系限制的个人交往的狭隘性，个人从血缘关系以及统治与被统治的从属关系中获得解放，摆脱了个人对共同体的完全依附关系，在社会关系方面具有相对的独立性。

社会生产力的发展及其不断地满足人的生活需要的过程中，开始在自然分工的基础上出现了社会分工。社会分工是导致人的畸形片面发展的直接因素，社会生产领域出现社会分工，从而使人的劳动活动分裂为脑力劳动和体力劳动。人的劳动活动的分裂过程，在简单协作中开始，"在工场手工业中得到发展，在大工业中完成"[①]。简单协作大体上仍留存了以往个人的劳动模式，仅仅是显露出协作的苗头，工场手工业生产阶段将手工艺分成各种工序，不同的工人被固定在某一特定的工种，工人被强制终身进行单一的劳动活动，这就导致了人的畸形片面发展。"由于劳动被分成几部分，人自己也随着被分成几部分。为了训练某种单一的活动，其他一切肉体的和精神

---

① 中共中央马克思恩格斯列宁斯大林著作编译局. 马克思恩格斯全集：第23卷 [M]. 北京：人民出版社，1972：400.

的能力都成了牺牲品。"① 因此，"人的身上的体力和智力的畸形化，甚至是和整个社会分工分不开的"②。机器大工业生产时期个体的工人从属于机器。"过去是终身专门使用一种局部工具，现在是终身专门服侍一台局部机器。滥用机器的目的是要使工人从小就变成局部机器的一部分。"③ 这一时期彻底将脑力劳动与体力劳动分离，完成了生产过程的精神能力与体力的分离。以物的发展为核心的社会，"资本在具有无限度地提高生产力趋势的同时，又在怎样的程度上使主要生产力，即人本身片面化，受到限制等"④。这一时期物的发展取代人的发展，从而使人畸形片面发展。

从手工业到工场手工业，再到机器大工业，人的发展始终受社会分工的制约。马克思指出："留恋那种原始的丰富，是可笑的，相信必须停留在那种完全空虚之中，也是可笑的。"⑤ 这一时期马克思将人的发展阶段概括为："以物的依赖性为基

① 中共中央马克思恩格斯列宁斯大林著作编译局．马克思恩格斯全集：第20卷［M］．北京：人民出版社，1971：316．
② 马克思．资本论：第1卷［M］．中共中央马克思恩格斯列宁斯大林著作编译局，译．北京：人民出版社，1956：483．
③ 马克思．资本论：第1卷［M］．中共中央马克思恩格斯列宁斯大林著作编译局，译．北京：人民出版社，1956：462—463．
④ 中共中央马克思恩格斯列宁斯大林著作编译局．马克思恩格斯全集：第46卷（上）［M］．北京：人民出版社，1979：410．
⑤ 中共中央马克思恩格斯列宁斯大林著作编译局．马克思恩格斯全集：第46卷（上）［M］．北京：人民出版社，1979：109．

础的人的独立性。"① 由于社会分工的出现，"使每一个体的个人生活同他的屈从于某一劳动部门和与之相关的各种条件的生活之间出现了差别"②。在这一社会基础上不断地划分社会功能，人们分别被固定在某一特定的部门，从而使个体的人同时从属于不同的群体，而不是某个共同体，这就使人在政治与经济意义上获取了相对独立的地位。这种独立性不再是前资本主义社会那种社会部门、阶层、社会共同体的无论是在地域还是政治经济等方面都受到强制性的限制，具有完全的从属性，毫无独立自主性。因此，马克思指出："毫无疑问，这种物的联系比单个人之间没有联系要好，或者比只是以自然血缘关系和统治服从关系为基础的地方性联系要好。"③ "形成普遍的社会物质变换，全面的关系，多方面的需求以及全面的能力的体系"④，同时又使社会生产过程以及在这一过程中建立的关系具有不以人的主观意志而改变的客观性。

资本主义社会生产力的发展，社会分工的发达，商品经济的形成要求价值交换的平等性，这使人们获得了平等的地位。

---

① 中共中央马克思恩格斯列宁斯大林著作编译局. 马克思恩格斯全集：第 46 卷（上）[M]. 北京：人民出版社，1979：104.

② 中共中央马克思恩格斯列宁斯大林著作编译局. 马克思恩格斯全集：第 3 卷 [M]. 北京：人民出版社，1960：86.

③ 中共中央马克思恩格斯列宁斯大林著作编译局. 马克思恩格斯全集：第 46 卷（上）[M]. 北京：人民出版社，1979：108.

④ 中共中央马克思恩格斯列宁斯大林著作编译局. 马克思恩格斯全集：第 46 卷（上）[M]. 北京：人民出版社，1979：104.

商品交换打破了直接产品交换的个人限制和地方限制，进一步发展了人类劳动的物质交换水平，"个人之间以及他们的商品之间的这种自然差别，是使这些个人结合在一起的动因，是使他们作为交换者发生他们假定为和被证明为平等的人的那种社会关系的动因，那么除了平等的规定以外，还要加上自由的规定。尽管个人 A 需要个人 B 的商品，但他并不是用暴力去占有这个商品，反过来也一样，相反地他们互相承认对方是所有者，是把自己的意志渗透到商品中去的人。因此，在这里第一次出现了人的法律因素以及其中包含的自由因素。谁都不用暴力占有他人财产。每个人都是自愿地出让财产"①。商品经济的形成促进了人的平等性与独立性，但这是在"物的依赖"这一社会基础之上的"个人独立"，马克思指出："确切些说，可叫作——在彼此关系冷漠的意义上——彼此漠不关心。"②

"物的依赖"的社会关系产生的根源正是社会分工和社会交换的出现，社会发展以物质财富的增加为目的，人的需要以及人的活动都是以创造社会物质条件为核心。在这里，人成为物质生产的手段和工具，人通过物质活动才能确证自己，人的关系被物的关系所取代。

人类对自然和社会共同体的整体依附性逐渐减弱，但不断

① 中共中央马克思恩格斯列宁斯大林著作编译局. 马克思恩格斯全集：第46卷（上）[M]. 北京：人民出版社，1979：195—196.
② 中共中央马克思恩格斯列宁斯大林著作编译局. 马克思恩格斯全集：第46卷（上）[M]. 北京：人民出版社，1979：110.

增强了对物的依赖性，物化与异化关系占据主导，这是人所创造的但又不受人控制的社会关系。"毫不相干的个人之间的互相的和全面的依赖，构成他们的社会联系"①，但是这种"社会联系的各种形式，对个人说来，才只是表现为达到他私人目的的手段，才表现为外在的必然性。"② 在物的依赖关系为基础的社会中人通过劳动产品的交换来确证和实现自己，"劳动产品一旦作为商品来生产，就带上拜物教性质，因此拜物教是同商品生产分不开的。"③。在这里商品经济的物化关系主导着社会关系，人和人的关系表现为物与物的关系。物质关系操纵着人的社会生活方式，正如马克思所言："钱是从人异化出来的人的劳动和存在的本质；这个外在的本质却统治了人，人却向它膜拜。"④ 这也就意味着人在物的依赖关系中并没有获得自由独立性，"在前一场合表现为人的限制即个人受他人限制的那种规定性，在后一场合则在发达的形态上表现为物的限制即个人受不以他为转移并独立存在的关系的限制"⑤。因此，

---

① 中共中央马克思恩格斯列宁斯大林著作编译局．马克思恩格撕全集：第46卷（上）[M]．北京：人民出版社，1979：103.

② 中共中央马克思恩格斯列宁斯大林著作编译局．马克思恩格撕全集：第46卷（上）[M]．北京：人民出版社，1979：21.

③ 中共中央马克思恩格斯列宁斯大林著作编译局．马克思恩格斯全集：第23卷 [M]．北京：人民出版社，1972：89.

④ 中共中央马克思恩格斯列宁斯大林著作编译局．马克思恩格斯全集：第1卷 [M]．北京：人民出版社，1956：448.

⑤ 中共中央马克思恩格斯列宁斯大林著作编译局．马克思恩格斯全集：第46卷（上）[M]．北京：人民出版社，1979：110.

相对于"人对人的依赖关系"而言，"以物的依赖性为基础"的"人的独立性"虽然是一种历史的进步性，但人并没有实现发展，没有消除依赖性关系。在资本主义私有制的生产关系下，以个人为中心的利益需要和个性发展都是利己主义的，从而使人与人之间、人与社会之间、人与自然之间都处于对立状态。

从积极意义上说，建立在物的依赖关系基础上的社会关系以及人的需要与能力在更高层面上实现了全面丰富性，为社会发展与人的发展提供充裕的物质条件，虽然在一定程度上解放与发展了人的需要与能力，但人类社会的整体发展是以牺牲个体利益为代价，个性的比较高度的发展是以牺牲个人的历史过程为代价，这是历史发展的必然性。机器大工业的发展形成了全面性与丰富性的人的需要与社会联系的同时，也降低了人的必要劳动时间，从而工人的自由时间增加，这有利于工人之间的社会结合，机器作为生产力的要素之一有利于解放劳动。按照马克思的观点，物的依赖关系为人的发展提供了必要的社会物质前提，并促进了社会关系的普遍性、需要的多样性和能力的全面性。人类通过物质实践活动为人自身的生存与发展创造更好的社会环境条件，从而实现自我发展、自我完善，最终推动人的自由全面发展。因此，以牺牲个体的历史过程来寻求整个人类历史的发展，这是历史发展的一个必经过程，但不会是永恒的追求。"虽然在开始时要靠牺牲多数的个人，甚至靠牺牲整个阶级，但最终会克服这种对抗，而同每个个人的发展相一致。"① "毫无疑问，这种物的联系比单个人之间没有联系要好，或者比只是以自然血缘关系和统治服从关系为基础的地方性联系要好。"②

（三）第三阶段：全面发展的人

马克思通过分析前资本主义社会和资本主义社会中人的发展状况，指出："古代的观点和现代世界相比，就显得崇高得多，根据古代的观点，人，不管是处在怎样狭隘的民族的、宗教的、政治的规定上，毕竟始终表现为生产的目的，在现代世界，生产表现为人的目的，而财富则表现为生产的目的。" "古代世界提供了从局限的观点来看的满足，而现代则不给予满足；凡是现代以自我满足而出现的地方，它就是鄙俗的。" 但 "事实上，如果抛掉狭隘的资产阶级形式，那么，财富岂不正是在普遍交换中造成的个人的需要、才能、享用、生产力等的普遍性吗？……财富岂不正是人的创造天赋的绝对发挥吗？" 在前资本主义社会时期生产力发展水平落后，物质生产能力低，社会财富不足，"我们在古代人当中不曾见到有谁研究过这个问题"。③ 马克思基于对不同社会形态中人的发展的考察，

---

① 中共中央马克思恩格斯列宁斯大林著作编译局. 马克思恩格斯全集：第 26 卷，第 2 册 [M]. 北京：人民出版社，1972：124—125.

② 中共中央马克思恩格斯列宁斯大林著作编译局. 马克思恩格斯全集：第 46 卷（上）[M]. 北京：人民出版社，1979：108.

③ 中共中央马克思恩格斯列宁斯大林著作编译局. 马克思恩格斯全集：第 46 卷（上）[M]. 北京：人民出版社，1979：485—487.

进而对未来理想的社会形态和人的发展状态进行了设想。

马克思将人的全面发展概括为"人以一种全面的方式，也就是说，作为一个完整的人，占有自己的全面的本质"①。"使自身的自然中沉睡着的潜力发挥出来"②，是人类全部力量的全面发展，也就是说"人的各种潜能素质的充分发展，人的个性的丰富完整，人的本质力量的充分显现等"③。这意味着人的全面发展是人的充分、最高水平的发展。人的发展需要一定的条件，主要有劳动形式的丰富和完整，人的活动丰富性、完整性和可变动性，这也是社会全面进步的内在要求。"个人的全面性不是想象的或设想的全面性，而是他的现实关系和观念关系的全面性"④，"人不是在某一种规定性上再生产自己，而是生产出他的全面性"⑤，人的全面发展要求具有尽可能丰富的属性和联系。"个人的全面发展，只有到了外部世界对个人才能的实际发展所起的推动作用为个人本身所驾驭的时候，才不再是理想、职责等。"⑥ 人的本质力量的自由发挥与全面占

① 中共中央马克思恩格斯列宁斯大林著作编译局. 马克思恩格斯全集：第42卷 [M]. 北京：人民出版社，1979：123.
② 中共中央马克思恩格斯列宁斯大林著作编译局. 马克思恩格斯全集：第23卷 [M]. 北京：人民出版社，1972：202.
③ 李德顺. 价值学大词典 [M]. 北京：中国人民大学出版社，1995：63.
④ 中共中央马克思恩格斯列宁斯大林著作编译局. 马克思恩格斯全集：第46卷（下）[M]. 北京：人民出版社，1980：36.
⑤ 中共中央马克思恩格斯列宁斯大林著作编译局. 马克思恩格斯全集：第46卷（上）[M]. 北京：人民出版社，1979：486.
⑥ 中共中央马克思恩格斯列宁斯大林著作编译局. 马克思恩格斯全集：第3卷 [M]. 北京：人民出版社，1960：330.

有，这时人的全面发展才能成为现实。

人在一定的社会生产活动中获得生存与发展，"个人怎样表现自己的生活，他们自己就是怎样。因此，他们是什么样的，这同他们的生产是一致的——既和他们生产什么一致，又和他们怎样生产一致"①。"人们每次都不是在他们关于人的理想所决定和所容许的范围之内，而是在现有的生产力所决定和所容许的范围之内取得自由的。"② 只有在社会生产力高度发达状态下，人才能摆脱对物的依赖性，"人们同他们的劳动和劳动产品的社会关系无须采取物与物之间的表现形式"③。"随着个人的全面发展，他们的生产力也增长起来，而集体财富的一切源泉都充分涌流之后，——只有在那个时候，才能完全超出资产阶级权利的狭隘眼界，社会才能在自己的旗帜上写上：各尽所能，按需分配！"④ 同时"建立在个人全面发展和他们共同的社会生产能力成为他们的社会财富这一基础上"，这时人的发展才实现了"自由个性"⑤。人正是通过对象性的实践

---

① 中共中央马克思恩格斯列宁斯大林著作编译局．马克思恩格斯选集：第 1 卷 [M]．北京：人民出版社，1995：67—68．
② 中共中央马克思恩格斯列宁斯大林著作编译局．马克思恩格斯全集：第 3 卷 [M]．北京：人民出版社，1960：507．
③ 宋萌荣．人的全面发展：理论分析与现实趋势 [M]．北京：中国社会科学出版社，2006：31．
④ 中共中央马克思恩格斯列宁斯大林著作编译局．马克思恩格斯选集：第 3 卷 [M]．北京：人民出版社，1995：305—306．
⑤ 中共中央马克思恩格斯列宁斯大林著作编译局．马克思恩格斯全集：第 46 卷（上）[M]．北京：人民出版社，1979：104．

活动，全面发挥并占有自身的本质力量，形成全面丰富的社会关系，个体劳动结合为社会劳动力而共同进行劳动活动，并共同管理各领域、各方面社会生活。在这里，个人与人类整体的发展一方面成为社会发展的根本条件，另一方面又成为社会发展的根本目的，从而使人实现全面、充分的发展。

在社会生产力发展水平高度发达的基础上，调整与完善社会生产关系，"全面发展的个人——他们的社会关系作为他们自己的共同的关系，也是服从于他们自己的控制的——不是自然的产物，而是历史的产物"①。从人的发展的社会基础出发来考察人的自由个性的发展与社会关系，马克思认为"个人关系基础上的自由个性"，"在共产主义社会中，即在个人的独创的和自由的发展不再是一句空话的唯一的社会中，这种发展正是取决于个人间的联系"②。自由个性的生成是以社会关系为基础和前提条件。一是，生产关系与个人的关系，要求生产资料的个人所有制与社会共同所有制相统一，也就是说每个人都有权利占有社会生产资料，从而为个人的自由个性的发展创造社会物质基础。二是，个人与个人之间实现和谐团结的关系，形成自由人的联合体。人与人之间实现自由自愿、平等的联合，"只有在集体中，个人才能获得全面发展其才能的手段，

①　中共中央马克思恩格斯列宁斯大林著作编译局．马克思恩格斯全集：第46卷（上）［M］．北京：人民出版社，1979：108.

②　中共中央马克思恩格斯列宁斯大林著作编译局．马克思恩格斯全集：第3卷［M］．北京：人民出版社，1960：516.

也就是说，只有在集体中才可能有个人自由"①。在一定的社会生产力基础上，每个人共同的活动方式，通过人与人之间和谐团结一致的关系，在真实的共同体中能够自由地全面发挥自己的本质力量。在这里，个人间和谐团结的联系取代了资本主义社会的物的依赖的关系。

马克思通过考察资本主义社会的发展与人的发展的关系，揭示出在资本主义私有制下社会与人的发展处于对立状态。资本主义社会阻碍人的全面发展，从而使人片面畸形发展。马克思指出："在资本主义体系内部，一切提高社会劳动生产力的方法都是靠牺牲工人个人来实现的，一切发展生产的手段都变成统治和剥削生产者的手段，都使工人畸形发展，成为局部的人。"② 从本质上说，人是在不断创造对象世界中获得发展，只有人与对象世界相统一，才能实现人的发展。人通过改造世界的实践活动来推动社会的发展进步，社会的发展又为人的发展提供更高水平的环境条件，社会发展与人的发展和谐一致，从而不断实现人的自由全面发展。这实际上是共产主义社会每个人自由全面发展的方式。在这里，前资本主义社会自我牺牲的社会发展模式和资本主义社会利己主义的社会发展模式被消

---

① 中共中央马克思恩格斯列宁斯大林著作编译局．马克思恩格斯全集：第3卷 [M]．北京：人民出版社，1960：516.
② 中共中央马克思恩格斯列宁斯大林著作编译局．马克思恩格斯全集：第23卷 [M]．北京：人民出版社，1972：708.

解并取代，也就是说未来的理想社会形态是每个人的自由发展是一切人的自由发展的条件。在这里，社会的发展以人的发展为根本目标，社会的发展以人的本质力量是否充分全面地发展为衡量标准。同时，每一个个体的发展自觉地以符合整个人类社会历史发展为根本遵循，达成社会发展与人的发展的和谐统一。这就意味着，在未来的理想社会形态中所存在的人的理想发展方式，即人能自由自觉地按照自己的意愿发展自己同时又要遵循发展规律，人的一切实践活动都遵循社会的发展趋势。

马克思认为人的全面发展中的"全面发展"是"个人关系和个人能力的普遍性和全面性"①，人的发展转向"那种把不同的社会职能当作相互交替的活动方式的全面发展的个人"②，也就是从人的片面、畸形、贫乏状态向全面、完整、丰富的现实发展，人的发展呈现动态变化并趋向更高程度的发展。从社会发展与人的发展的关系来考察，人的全面发展是随着社会生产力发展水平的不断提高与社会关系的全面丰富性发展而不断推进。"已成为桎梏的旧的交往形式被适应于比较发达的生产力，因而也适应于更进步的个人自主活动的类型的新的交往形式所代替；新的交往形式又会变成桎梏并为别的交往形式所代替。由于这些条件在历史发展的每一阶段上都是与同

① 中共中央马克思恩格斯列宁斯大林著作编译局. 马克思恩格斯全集：第46卷（上）[M]. 北京：人民出版社，1979：109.
② 中共中央马克思恩格斯列宁斯大林著作编译局. 马克思恩格斯全集：第23卷[M]. 北京：人民出版社，1972：535.

一时期的生产力的发展相适应的，所以它们的历史同时也是发展着的，为各个新的一代所承受下来的生产力的历史，从而也是个人本身力量发展的历史。"① 人的全面发展不是人的所有方面的发展，也不是每个人的发展水平达到同一程度，而是按照人的自由意愿得到充分的发展，是每一个个体的全面发展。马克思设想的未来社会，"将是这样一个联合体，在那里，每个人的自由发展是一切人自由发展的条件"②。"在这个必然王国的彼岸，作为目的本身的人类能力的发展，真正的自由王国，就开始了。"③ 社会发展以每一个个体的自由全面发展为最终目标。在这里，人的基本生存需要以及物质财富需要不是人的劳动活动的内在动力，劳动成为生活的第一需要，自由地全面发挥与占有人自身的本质力量，实现人的自由个性的状态，"是人和自然界之间、人和人之间的矛盾的真正解决，是存在和本质、对象化和自我确证、自由和必然、个体和类之间的斗争的真正解决"④。因此，只有满足这些条件，才能实现一切发展的终极归宿即人的自由全面发展。

社会环境条件是人的发展的必要基础，只有社会政治、经

---

① [德] 马克思，恩格斯．德意志意识形态（节选本）[M]．北京：人民出版社，2018：70．
② 中共中央马克思恩格斯列宁斯大林著作编译局．马克思恩格斯选集：第1卷 [M]．北京：人民出版社，1995：294．
③ 中共中央马克思恩格斯列宁斯大林著作编译局．马克思恩格斯全集：第25卷 [M]．北京：人民出版社，1974：927．
④ 中共中央马克思恩格斯列宁斯大林著作编译局．马克思恩格斯全集：第42卷 [M]．北京：人民出版社，1979：120．

济、文化、生态等各领域全面协调、均衡发展，才能够为人的全面发展创造可能性空间。马克思提出未来共产主义社会中人的发展状态是"建立在个人全面发展和他们共同的、社会的生产能力成为从属于他们的社会财富这一基础上的自由个性"①，共产主义社会"在保证社会劳动生产力极高度发展的同时又保证人类最全面的发展"②，为每个人提供表现自己全部本质力量的条件，"给社会劳动生产力和一切个体生产者的全面发展以极大的推动"③，从而人"作为一个完整的人，占有自己的全面的本质"④。只有构建自由人的联合体即共产主义社会，消灭私有制和旧式分工，剥削与奴役赖以存在的基础被彻底清除，劳动不再与人对立，才能克服资本主义社会的发展与人的发展相对抗的状态。在社会自由平等的基础上自由个体的联合劳动才能真正激发人的劳动欲望与劳动热情，只有在联合劳动中才能最大程度发挥人的才能，从而使劳动成为人的第一需要。社会生产力极大发展，社会财富充裕，私有制与旧式分工彻底消除，人不再强制性地长期固定在某一职位从事单一工种，可以按照自己的意愿自由选择劳动形式、自由安排劳动时

---

① 中共中央马克思恩格斯列宁斯大林著作编译局．马克思恩格斯全集：第30卷［M］．北京：人民出版社，1995：107—108.

② 中共中央马克思恩格斯列宁斯大林著作编译局．马克思恩格斯全集：第19卷［M］．北京：人民出版社，1963：130.

③ 中共中央马克思恩格斯列宁斯大林著作编译局．马克思恩格斯全集：第19卷［M］．北京：人民出版社，1963：130.

④ 中共中央马克思恩格斯列宁斯大林著作编译局．马克思恩格斯全集：第42卷［M］．北京：人民出版社，1979：123.

间，"在共产主义社会里，任何人都没有特定的活动范围，每个人都可以在任何部门内发展，社会调节着整个生产，因而使我有可能随我自己的心愿今天干这事，明天干那事，上午打猎，下午捕鱼，傍晚从事畜牧，晚饭后从事批判，但并不因此就使我成为一个猎人、渔夫、牧人或者批判者"①。人的能力在自由选择与安排的劳动中获得全面、充分的发展。人的劳动是人发展自我、满足自我的实践活动，而不再具有强制性与压迫性。马克思科学构建了未来"自由人联合体"的社会形态，这是"每个人全面而自由的发展"的真正的共同体，超越并扬弃了一切以往存在对抗性的社会形态，"是人向自身、向社会的即合乎人性的人的复归"②，是人与人、人与自然、人与社会和谐统一的最高形式。

总的来说，人的发展的整个历程是从低级阶段向高级阶段逐步推进的过程："人的依赖关系（起初完全是自然发生的），是最初的社会形态，在这种形态下，人的生产能力只是在狭窄的范围内和孤立的地点上发展着。以物的依赖性为基础的人的独立性，是第二大形态，在这种形态下，才形成普遍的社会物质变换，全面的关系，多方面的需求以及全面的能力的体系。建立在个人全面发展和他们共同的社会生产能力成为他们的社

---

① 中共中央马克思恩格斯列宁斯大林著作编译局．马克思恩格斯全集：第3卷 [M]．北京：人民出版社，1960：37．
② 中共中央马克思恩格斯列宁斯大林著作编译局．马克思恩格斯选集：第1卷 [M]．北京：人民出版社，2009：185．

会财富这一基础上的自由个性，是第三个阶段。"① 根据马克思的观点，从人的依赖关系到物的依赖关系的发展演变过程中，打破了人与人、人与共同体之间固定的从属关系，通过人的社会生产活动形成丰富的社会关系，人可以不依附于共同体而独立地进行生产活动，发展自己的本质力量，从而得到一定的发展。从物的依赖关系到自由个性的发展阶段，物化与异化关系解体，每个人可以进行自由的活动，社会关系的全面丰富，从而实现人的本质力量的全面发挥和发展。每个人都能够根据自己的意愿自由充分地发挥创造能力，自由地选择个人生活与社会生活，人的个性得到独立自主、全面丰富性的发展。

人的自由全面发展是从低级阶段向更高级阶段不断螺旋上升、永无休止的过程。马克思、恩格斯认为："共产主义对我们来说不是应当确立的状况，不是现实应当与之相适应的理想。我们所称为共产主义的是那种消灭现存状况的现实的运动。这个运动的条件是由现有的前提产生的。"② 人的自由全面的发展是相对状态，是一种动态发展的历史范畴，即便是在共产主义社会中人也不可能完全摆脱主观条件与客观条件的限制而实现绝对的自由全面的发展，人的自由全面发展作为一种

---

① 中共中央马克思恩格斯列宁斯大林著作编译局．马克思恩格斯全集：第46卷（上）［M］．北京：人民出版社，1979：104.
② 中共中央马克思恩格斯列宁斯大林著作编译局．马克思恩格斯选集：第1卷［M］．北京：人民出版社，1995：87.

人类本性的自觉理想追求，是一个充满矛盾的辩证发展的过程。

第三节 人的发展的条件

人是随着人类社会历史的不断发展得到发展的，人作为社会主体，一方面创造着一切社会历史，另一方面又受社会环境条件的制约。人不能任意地选择发展条件，只能在以往既定的历史条件基础上进行创造性活动，在推动社会发展的同时，不断地为自我发展创造更好的社会环境条件。因此，人不是脱离社会而独立发展的，而是需要一定的社会历史条件。首先，社会生产力在根本上决定着人的发展程度。社会生产力为人的生存与发展提供必要的物质前提条件，促进人的需要、人的活动和能力、人的社会关系、人的自由个性的发展。其次，在社会生产力的基础上又形成一定的社会关系，生产力的发展离不开社会关系，先进的社会关系有利于社会生产力的发展，而落后的社会生产关系阻碍社会生产力的发展，社会生产力与人的本质力量从根本上是一致的，这就意味着社会关系决定人的发展程度。再次，在人的发展过程中，通过人的社会实践活动又创造出社会文化。文化的创造主体是人，文化的发展离不开人的实践活动及其能力的发展。反过来，文化能够影响并塑造着人的思想和精神，在一定程度上创造着人，文化是一个人最深层、最核心的内在精神基础。最后，人的全面发展主要体现在人的基本素质、能力和需求的全面发展，教育在推动人的发展中起到极为重大的作用，通过素质教育提升人的综合发展水平。人的本质力量的全面发展对于整个社会的发展进步具有决定性的作用，是推动社会发展的强大力量；而社会发展为人本身的发展创造更好的环境条件，一切发展都以人本身的自由全面发展为目的。

一、生产力是实现人的发展的物质基础

人类社会历史在不断向前发展过程中推动人的发展，生产力的发展是人的发展的根本推动力。社会生产力发展水平的极大提升促使人的必要劳动时间大大降低，从而自由时间增多，在高度发展的物质力量的前提下人才能不断发展自我、完善自我，最终实现全面发展。如果没有生产力的发展，正如马克思所言："那就只会有贫穷、极端贫困的普遍化；而在极端贫困的情况下，必须重新开始争取必需品的斗争，全部陈腐污浊的东西又要死灰复燃。"[①] 因此，社会生产力的极大发展，能够促进人的多样化、多层面需要的不断发展，这是人的一切实践活动的内在要求与根本动力。在这一基础上，社会交往活动范

---

① 中共中央马克思恩格斯列宁斯大林著作编译局. 马克思恩格斯选集：第 1 卷 [M]. 北京：人民出版社，1995：86.

围增大，交往活动频繁，社会关系全面丰富，这又进一步推动了人的本质力量的发展，从而形成更全面、丰富的个性。

社会生产力的发展为人的存在和发展提供物质前提条件。在人类最初的进化过程中，社会生产力水平的不断提升极大促进了人的语言和思维的产生、完善，生产力对不断形成并发展人的身体与心理条件有关键性的重要影响。人的存在及其活动是社会生产力得以存在与发展的前提，因而人作为社会生产力的主体通过生产实践活动来改造自然，并将其转化为人自身的自然。因为人的社会生产实践活动不是单纯地通过体力活动就能实现发展的，人的体力活动与脑力活动相统一是必要的，要想实现社会生产力的发展以及人的发展必须通过人的脑力与体力的有机结合，从而推动人的本质力量的不断提升与全面发展。社会生产实践活动在不断丰富发展的过程中，必然将伴随着人的语言、观念、个性等的形成与发展。归根结底，人是不可能脱离社会物质条件而单独实现自身发展的，人要实现自我发展，必要的前提条件是人要创造出能够满足自己基本物质生活需要的社会环境条件。正如马克思所指出的，"没有蒸汽机和珍妮走锭精纺机就不能消灭奴隶制；没有改良的农业就不能消灭农奴制；当人们还不能使自己的吃喝住穿在质和量的方面得到充分供应的时候，人们就根本不能获得解放"[1]。也就是

---

① 中共中央马克思恩格斯列宁斯大林著作编译局. 马克思恩格斯全集：第42卷 [M]. 北京：人民出版社，1979：368.

说社会生产力发展水平每前进一步必然推动人的进一步发展，"生产者也改变着，炼出新的品质，通过生产而发展和改造着自身，造成新的力量和新的观念，造成新的交往方式、新的需要和新的语言"①。

社会生产力的发展不断地促进人的需要的发展。首先人要生存就要满足自身最基本的物质生活需要，也就是说人的第一个需要是肉体组织的需要。当生产力水平不断发展能够创造出更丰富、更充裕的社会物质条件时，人不仅满足于生存需要，而且还会形成多样化、多层面的发展需要。这就意味着生产力的发展为人的生存与发展创造最基本的物质前提，当人们还不能使自己的衣食住行在质和量方面都得到基本满足的时候，人们就根本不能获得生存与发展。正如马克思、恩格斯所言："我们首先应当确定一切人生存的第一个前提，也就是一切历史的第一个前提，这个前提是：人们为了能够'创造历史'，必须能够生活。但是为了生活，首先就需要有吃喝住穿以及其他东西。因此第一个历史活动就是生产满足这些需要的资料，即生产物质生活本身。同时这也是人们仅仅为了能够生活就必须每日每时都要进行的一种历史活动，即一切历史的一种基本条件。"② 随着社会生产力的不断发展，社会所能提供的物质

① 中共中央马克思恩格斯列宁斯大林著作编译局．马克思恩格斯全集：第46卷（上）［M］．北京：人民出版社，1979：494.

② 中共中央马克思恩格斯列宁斯大林著作编译局．马克思恩格斯选集：第1卷［M］．北京：人民出版社，1995：78—79.

生活条件越来越丰富全面，从而使人摆脱贫困，提升生活水平，人在满足最基本的生存状态下，人的本质力量不断地获得更全面的发展。生产力的发展又进一步产生新的发展需求，这是无限的螺旋循环上升的发展总过程。

社会生产力的发展促进人的活动和能力的发展。社会生产力的发展实际上是人的本质力量的不断发展，"对这些力量的占有本身不外是同物质生产工具相适应的个人才能的发挥。仅仅因为这个缘故，对生产工具一定总和的占有，也就是个人本身的才能的一定总和的发挥"①。人的本质力量不是自然产生并自然发展的，而是在改造自然界的物质生产实践活动中不断地获得提升和完善的，在这一过程中社会生产力水平同时也得到了提升。因此，恩格斯指出："通过社会生产，不仅可以保证一切社会成员有富足的和一天比一天充裕的物质生活，而且还可能保证他们的体力和智力获得充分的自由的发展和运用。"② 这时，"生产劳动给每一个人提供全面发展和表现自己全部的即体力和脑力的能力的机会，这样，生产劳动就不再是奴役人的手段，而成了解放人的手段，因此生产劳动就从一种负担变成一种快乐"③。

---

① 中共中央马克思恩格斯列宁斯大林著作编译局．马克思恩格斯选集：第 1 卷
　　[M]．北京：人民出版社，1995：129.
② 中共中央马克思恩格斯列宁斯大林著作编译局．马克思恩格斯选集：第 3 卷
　　[M]．北京：人民出版社，1995：633.
③ 中共中央马克思恩格斯列宁斯大林著作编译局．马克思恩格斯全集：第 20
　　卷 [M]．北京：人民出版社，1971：318.

社会生产力的发展不断地促进人的社会关系的发展。社会生产力的发展是社会得以发展的基础，也就是意味着社会生产力是社会交往活动和社会关系存在与发展的前提条件。社会生产力只有实现高度发达的水平才能促进社会交往活动范围的普遍性发展，历史发展为世界历史，这就使人与人之间普遍的社会关系得以建立，以往区域的、民族的局部性的交往活动被各民族之间相互依赖、相互影响的交往替代，狭隘的区域性的个人变成为世界历史性的普遍的个人。社会生产力的发展推动社会生产关系发生变革，落后的社会生产关系将成为社会生产力进一步解放与发展的桎梏，要想实现发展必然要调整社会生产关系，以适应社会生产力的发展。社会生产力决定社会生产关系，社会生产关系反作用于社会生产力。因此，要想实现社会的不断发展进步，社会生产关系必然要随社会生产力的发展变化进行调整和变革，社会形态不断地得到完善，以更先进的社会制度来解放与发展社会生产力。在商品经济社会中，人与人之间的关系异化为物与物之间的关系，形成了以物的依赖关系为主导的社会关系。只有在社会生产力成为人们的共同社会财富时，才能够扩大人与人之间的交往活动，实现普遍的社会交往基础上的普遍的社会关系。从整个人类社会发展的角度来看，只有社会生产力实现高度发达状态，社会财富充分涌流的前提下，才能实现阶级的消失，各尽所能、按需分配，劳动成为生活的第一需要，实现人的自由全面发展。

社会生产力的发展不断地促进人的自由个性的发展。社会生产力水平不断提升，劳动生产率升高，这将大大降低社会必要劳动时间，社会物质财富越来越充裕，人们无须再为物质生产而占据全部活动时间，因而增加人的发展的自由时间。人们可以进行除了物质生产活动之外的多种多样的活动，如科学、艺术、文学等方面的活动，从而更加全面地发挥并完善自己的本质力量，人的个性不断地得到自由全面的发展。反过来，人的本质力量作为社会生产的根本内容，自由时间的增多推动了人的充分、全面的发展，人的本质力量的不断完善又推动社会生产力的不断发展，从而为人的自由全面发展创造更高层面的环境条件。

二、社会关系决定人的发展程度

社会关系决定人的发展程度，全面丰富的社会关系推进人的发展，而狭隘的、单一的、贫乏的社会关系限制人的发展。具体来说，社会生产实践活动并不是个人行为，而是需要人与人之间相互合作，进而形成社会交往活动，发生一定的社会关系。人的存在与发展在一定的社会交往和社会关系的前提条件下才能实现，人的全面发展必然需要全面丰富的社会关系和普遍的社会交往活动，人不可能在畸形片面的社会关系中获得任何发展，畸形片面发展的社会只会生成畸形片面发展的人。

"社会关系实际上决定着一个人能够发展到什么程度。"① "一个人的发展取决于和他直接或间接进行交往的其他一切人的发展。"② 因此，这意味着"只有在共同体中，个人才能获得全面发展其才能的手段，也就是说，只有在共同体中才可能有个人自由。……从前各个人联合而成的那种虚假的共同体，总是相对于各个人而独立的；由于这种共同体是一个阶级反对另一个阶级的联合，因此对于被统治的阶级来说，它不仅是完全虚幻的共同体，而且是新的桎梏。在真正的共同体的条件下，各个人在自己的联合中并通过这种联合获得自己的自由。"③

在资本主义社会中，资本主义私有制的生产方式取代了封建社会的生产方式，社会生产力发展水平高速增长的同时，也推动了人的观念以及个性的发展变化。资本主义私有制下物化与异化的社会关系占主导地位并束缚着人的解放与发展，只有推翻资本主义制度、消灭私有制的生产关系、消除分工，才能实现人对社会关系的全面占有以及共同控制。社会制度作为规范人的一切行为活动有序进行的原则，能够引导社会发展与人的发展的道路及其导向。人从出生开始就存在于一定的社会制度规范当中，依据社会制度规范而生活。好的社会制度规范能

---

① 中共中央马克思恩格斯列宁斯大林著作编译局．马克思恩格斯全集：第3卷[M]．北京：人民出版社，1960：295.

② 中共中央马克思恩格斯列宁斯大林著作编译局．马克思恩格斯全集：第3卷[M]．北京：人民出版社，1960：515.

③ 中共中央马克思恩格斯列宁斯大林著作编译局．马克思恩格斯选集：第1卷[M]．北京：人民出版社，1995：119.

够正确地引导社会发展与人的发展，实现社会与人的统一，并以人的发展为社会发展的核心目的，使人的个性获得解放与发展，人与社会和谐统一发展中最终实现人的全面发展。落后的社会制度则会阻碍社会发展与人的发展，社会与人的关系处于对立状态，社会发展以牺牲人的发展为代价，不仅阻碍社会的发展甚至出现停滞与倒退现象，而且使人畸形片面发展，束缚人的个性。因此，要促进人的全面发展，应不断改革与完善社会制度，突破以往旧制度的束缚，解决社会生产力发展与人的发展的制度弊端。

人与人、人与社会之间并不是盲目的任意的关系，而是在一定的社会制度规范下进行一切交往活动并建立社会关系。社会制度是人类通过实践活动，在对社会交往及其社会关系的长期反复探索中理性生成的制度规范，从而使人与人的一切社会交往活动以及建立的社会关系都处于有序状态。社会制度是对社会交往及其社会关系的规范化，是人们要共同遵循的行为规范与行为准则。一定时期的社会交往以及社会关系之所以可以稳定有序，正是社会制度起到了规范化的作用。社会制度作为某一社会的内在结构形式是社会运行的基础，人的生存与发展的实践活动要在一定的社会制度框架内进行。不同的社会制度框架下体现出不同的社会关系形态，并规定着人们的社会生活方式，从而形成稳定有序的社会结构、社会功能以及社会关系。先进合理的社会制度能够为人与人、人与社会、人与自然之间的关系提供框架体系，从而使这些关系得以有序运转，这有利于人与人、人与社会、人与自然的和谐发展，有效地防止这些关系的对立和冲突，使人的交往活动和一切关系具有可信赖性以及可预见性。

人生活在特定的社会制度环境中，人的一切活动都是在一定的制度框架体系内进行，人不可能脱离这一前提而单独存在与发展。每个人都具有一定的社会角色定位，如工人、农民、知识分子等，每一位社会成员都进行着不同程度的社会交往活动，进而建立不同的社会关系。马克思指出："在生产、交换和消费发展的一定阶段上，就会有相应的社会制度。"① 人作为社会存在物，从根本上说人是社会制度的产物，社会制度引导并规范着人的发展。社会制度为人的活动提供了一定的规则、模式、标准，规范着人的活动内容，因而影响并制约着人的活动，这就使人的一切活动都纳入规范化的、可预期的、合理化的发展轨道中，为人们创造一个稳定有序的社会生活的环境空间。人的个性只有在社会秩序的条件下才能够获得发展，社会秩序是人作为社会性的人得以存在的前提。实际上，社会形态不断演进，社会制度不断变革，随之人的观念和个性也相应地会发生不同程度的改变。

---

① 中共中央马克思恩格斯列宁斯大林著作编译局. 马克思恩格斯选集：第4卷 [M]. 北京：人民出版社，1995：532.

三、文化是促进人的发展的重要条件

文化作为人的实践活动的产物，在其本质上是实践的。文化的创造主体是人，一切文化都是人的本质力量的对象化产物，文化的发展是人的本质力量的发挥、提升、完善的结果。反过来，文化对人又有反作用，文化能够影响并塑造着人的思想和精神，文化也在一定程度上创造着人，通过文化人才能实现社会化，人的本质力量才能不断地得到提升和完善，社会生产力发展水平才能不断地得到提高，从而推动社会与人的发展进步，最终实现人的全面发展。在本质上文化是一种价值创造性活动，是不断地以更先进的、更优秀的智慧、才能、思想精神武装旧人转变为新人的活动过程，是人的发展过程及其本质力量的展现。从生物人转向社会人、从野蛮转向文明，再到人的个性的形成，这些都需要依赖文化的教化作用。

广义的文化包含人的实践活动所创造的一切事物，包括物质文化、精神文化、制度文化。在这里，我们讲的是狭义的文化即精神文化。精神文化以社会意识形态为主要内容，是整个文化系统中最核心的部分。精神文化基本要素包括语言符号、知识系统、认知结构、思维方式和价值观念等。语言的产生基础是社会交往活动，语言是人与人之间进行交流的工具，人类文化成果凝结为语言符号以便交流传播。知识系统是人们在认识与改造外部环境中获得的一种经验的总结。人的实践活动及

其能力的发展过程中，不断地获得对人、事物、自然、社会等整个世界及其相互关系的认识，在这一认识活动中形成的人的认知体系。思维方式是人们在实践活动中所具有的认识方式和活动方式。价值观念是人们对整个世界的认识中形成的自我价值判断标准，表现为价值理想、价值信念、价值信仰，是对事物的价值衡量与判断。人的需要是一切行为的内在动力与根本要求，这一需要本身的产生正是主体价值判断与价值选择的结果。人们在进行人与人、人与自然、人与社会之间的活动之时，基于价值观念并结合人的生存与发展需要来判断某一事物或选择是否符合自己的意愿，并区分正确与错误、好与坏，同时分析出其是否具有价值、具有何种价值。价值观念作为文化体系的核心，是科技、传统风俗、艺术、哲学、文学、宗教等具体的文化形式的综合表现。人是文化得以存在与发展的主体，人的实践活动创造一切文化，文化是人的产物，人创造文化的目的是人自身的发展与完善，因而人是文化的目的本身，文化的存在与发展的本质是发展人，并不断地创造更好的、更完善的人。

先进的文化可以促进人的本质力量的全面提升，有利于推动社会的全面进步，从而不断地满足人多方面、多层次的需要，解放与发展人本身。"最初的、从动物界分离出来的人，在一切本质方面是和动物本身一样不自由的；但是文化上的每一个进步，都是迈向自由的一步。"① 因此，文化既是个人本质力量中最核心的构成部分，是个人的价值观念、思维方式、生活方式，又是培育人的认知能力、实践活动能力以及人格与个性的活动，能够改造整个人内在的精神世界。这就意味着文化在塑造人的方面起着最根本性的持久作用，文化建设为人的全面发展提供最深层、最核心的精神条件，不同文化熏陶下会形成不同的人，社会文化对于人发展成为什么样具有至关重要的作用。

无论是社会关系还是人的个性都不是任意形成的，而是在一定的社会文化环境的框架内形成并发展，自始至终都要受到社会文化的调控。在人类社会发展早期，人类生存于一定的文化环境之中，早期人类的生殖喂养、养育后代、宗教礼仪、图腾禁忌等不是自然形成的，而是受到一定的不成文的约定与习惯影响。人从诞生开始就存在于一定的社会文化当中，经过文化的培育过程被教化为社会的人，以一定的社会生活方式进行活动。人的发展正是人不断学习与成长的过程，从而不断地提升自己的认知能力和实践活动能力，使人的本质力量得到发挥与完善，实现人的自由全面发展。总之，人创造了文化，反过来人要在以往的文化传统既定的环境中生存与发展，同时又在继承传统文化中与时俱进地进行文化创新的活动，文化成为人的生活方式。"每个人都降生于先于他而存在的文化环境中。

---

① 中共中央马克思恩格斯列宁斯大林著作编译局. 马克思恩格斯选集：第 3 卷 [M]. 北京：人民出版社，1995：456.

当他一来到世界，文化就统治了他，随他的成长，文化赋予他语言、习俗、信仰、工具等。总之，是文化向人提供作为人类一员的行为方式和内容。"① 文化是一个人最深层、最核心的内在精神基础，人从文化中来，又表征着一定的文化。

四、教育是推动人的发展的重要方法

人的全面发展主要体现在人的基本素质、能力和需求的全面发展。人的基本素质包括生理、心理、人文、科学、道德等方面；人的基本能力包括认知、实践、社交、审美等方面；人的基本需求包括生理、精神和社会交往等方面。人的基本素质是人所要具备的基本特质，人的能力是人的基本素质的最深层的内核，人的素质又通过人的能力发挥出来。现代社会发展中，人对自然界的依赖性降低，人的本质力量从根本上与社会生产力一致，只有不断提升与发展人的本质力量才能为社会发展创造更强大的推动力，进而为人的生存与发展提供更好的环境条件，推进人的全面发展。

教育在推动人的发展中起到极为重大的作用，通过素质教育培育人的综合素质与创造能力，包括学前教育、基础教育、高等教育、职业教育、家庭教育、社会教育等。素质教育面向所有人培育全面的素质，通过培养自主学习与主动发展的能

① 怀特．文化科学［M］．曹锦清，译．杭州：浙江人民出版社，1988：158—159.

力，不断地发展人的创新精神、认知能力、实践能力。因此，素质教育作为一种活动形式，成为促进人的全面发展的重要途径，是其他实践活动发生改变与发展的内在推动力。德国宗教改革家马丁·路德早就说过："一个国家的前途，不取决于它的国库之殷实，不取决于它的城堡之坚固，也不取决于它的公共设施之华丽，而在于它的公民的文明素养，即人们所受的教育、人们的学识、开明和品德高下。这才是利害攸关的力量所在。"① 由此可见，全面提高人的科学文化素质对于整个社会的发展进步具有决定性的作用。

马克思曾指出教育"不仅是提高社会生产的一种方法，而且是造就全面发展的人的唯一方法"②。教育促进人的全面发展主要体现在：第一，教育是人增长知识、提升能力、培养素质的基本方式。"要改变一般的人的本性，使它获得一定劳动部门的技能和技巧，成为发达的和专门的劳动力，就要有一定的教育或训练。"③ 也就是说每个人获得知识、素质和能力的主要途径是教育。第二，教育能够使人掌握劳动技能。教育包括实践训练、掌握技艺，"教育将使年轻人能够很快熟悉整个生产系统，将使他们能够根据社会需要或者他们自己的爱好，

---

① 尹继佐. 培育上海城市精神：2004 年上海文化发展蓝皮书 [M]. 上海：上海社会科学出版社，2004：18.
② 中共中央马克思恩格斯列宁斯大林著作编译局. 马克思恩格斯全集：第23卷 [M]. 北京：人民出版社，1972：530.
③ 中共中央马克思恩格斯列宁斯大林著作编译局. 马克思恩格斯全集：第23卷 [M]. 北京：人民出版社，1972：195.

轮流从一个生产部门转到另一个生产部门。因此，教育将使他们摆脱现在这种分工给每个人造成的片面性"①。第三，教育为人学习知识与技能提供方法。传统教育模式主要看重知识的积累、保持共性、知识的传承、成绩的高低、被动地接受知识，而忽视了素质的培养、道德的提升、个性化发展、增强自主创新能力等。教育的最终目的是人的本质力量的全面发挥与完善，实现人的普遍化、多元化、个性化的发展。第四，教育与生产劳动相结合，通过教育活动提升人的知识和素质水平，又通过生产实践活动转化作用，将抽象的人的能力转化为生产力，从而推动社会的发展。

全面的素质教育，要对现代社会发展所需的人的各种素质进行全方位综合培养，各项素质之间实现均衡协调发展。同时，也要因材施教，按照每个人不同的特质，发挥每个人的最大优势。全面的素质教育并不是塑造全面的完人，每个人都有自我的理想追求和价值取向，擅长的方面各不相同，各有所长，各有所短。因此，要体现出素质教育的灵活培养模式，扬其所长，避其所短，不断地在更高的程度上提升人的发展水平，调动人的一切积极因素，从而使人的发展成为社会发展的强大推动力量，最终有利于人为自己的生存与发展创造更好的社会环境条件，在社会发展与人的发展和谐统一中实现人的自由个性。

---

① 中共中央马克思恩格斯列宁斯大林著作编译局. 马克思恩格斯选集：第1卷[M]. 北京：人民出版社，1995：243.

第二章

社会发展的基本内容

人类社会是自然界长期发展的产物，在劳动实践活动中形成人和人类社会。人类社会是人类通过实践活动来追求自身的生存与发展过程中自觉结成的共同体。人的发展和社会发展的全部内容是劳动实践活动不断发展的历史过程。社会物质生产活动是人类最基本的实践活动，生产力对历史发展总体趋势起着根本的决定性作用。在物质生产活动基础上形成生产关系及上层建筑，社会发展的基本轨迹正是围绕着生产力与生产关系之间的矛盾、经济基础与上层建筑之间的矛盾运行。整个人类社会是一个复杂的矛盾体系，在这一矛盾体系中各个矛盾具有不同的作用和地位，这两对矛盾在交互作用中从根本上推动了人类社会从低级阶段向高级阶段的发展，并作为人类社会最基本的矛盾贯穿于人类社会发展过程的始终。人类社会发展的前进运动的历史过程不以人的意志为转移，具有客观必然性。社会历史并不是人随心所欲创造的，人们的实践活动必须遵循社会发展规律并依赖一定的社会条件才能够实现自己的目的。因此，必须遵循合目的性与合规律性的统一。人类社会的每一次发展进步都是人类自觉选择与推动的结果，人们越能够正确认识社会发展的客观规律，就越能够将自身预期目的变成现实，从而不断推进社会进步和人的发展。

第一节　社会的产生及其内涵

整个人类社会的全部内容是人类实践活动的全过程，人类社会是人类通过实践活动来追求自身的生存与发展过程中自觉结成的共同体，人类社会的发展规律是人类实践活动的规律，人类社会的每一次发展进步都是人类自身自觉选择与推动的结果。社会的一切实践活动都是由人实现的，人是社会发展的主体。社会发展是人为了更好地满足自身的生存与发展需求而创造的条件，最终目的是促进人自身的自由全面发展。

一、社会的产生

自然界是人类得以生存与发展的前提条件，首先和首要的是具备生命得以产生的基本自然条件因素，人类通过生产实践活动与自然界进行能量转换的过程中满足自身生存与发展的基本物质需要，这一过程也是人类社会的产生与发展的过程。人类的实践活动实现了从自然界到人类社会的飞跃，这意味着人类社会是自然界长期发展的产物。自然界为人类以及人类社会的产生创造了必要的前提性条件，但并不是因为自然界的存在使人类社会的产生成为必然，也就是说自然界并不是人类社会产生与发展的决定性因素。而人类制造与使用生产工具的劳动实践活动才是人类社会得以形成的决定力量，这是人类社会存在与发展的基本前提，正是在劳动实践活动中形成人和人类社会。正如恩格斯所言，劳动是"一切人类生活的第一个基本条件，而且达到这样的程度，以致我们在某种意义上不得不说：劳动创造了人本身"①，人类从动物单纯地为了适应环境而进行的繁衍后代的本能活动到人类能够进行劳动实践活动，这是一个漫长的人类演进的历史过程。人类所特有的劳动实践活动使其从本质上区别于其他动物，那么人类劳动的形成与发展的历史过程意味着这也是人和人类社会形成与发展的过程。"首先是劳动，然后是语言和劳动一起，成了两个最主要的推动力，在它们的影响下，猿脑就逐渐地过渡到人脑"，而"随着脑的进一步的发育，同脑最密切的工具，即感觉器官，也同步发育起来"。②"脑和为它服务的器官越来越清楚的意识以及想象能力和推理能力的发展，又反作用于劳动和语言，为这二者

① 中共中央马克思恩格斯列宁斯大林著作编译局. 马克思恩格斯选集：第 4 卷 [M]. 北京：人民出版社，1995：373—374.
② 中共中央马克思恩格斯列宁斯大林著作编译局. 马克思恩格斯选集：第 4 卷 [M]. 北京：人民出版社，1995：377.

的进一步发育不断提供新的推动力。"① 在这些因素的相互作用、相互推动中，尤其是劳动实践活动的形成与发展决定了人开始从自然界分化出来，人脱离动物界而进行创造社会的实践活动，并不断地推动社会与人自身的发展。

没有劳动实践活动就不会有人类，更不会有人类社会。人类以及人类社会无法离开劳动实践活动而获得存在与发展，劳动实践活动是人与社会产生与发展的必要性的前提条件。正如马克思所言："任何一个民族，如果停止劳动，不用说一年，就是几个星期，也要灭亡，这是每一个小孩都知道的。"② 在人类社会发展早期阶段，人类在极大程度上依赖于自然，社会生产力落后，生产工具简陋，人的认知能力与实践能力处于最低级发展阶段，单个人的力量薄弱无法抵抗自然力量，人为了生存必须以群体联合状态来进行物质生产劳动，从而获取生活所需的基本物质，因而这一时期人类处于原始的自然群体的联合状态。这种自然群体的联合是以血缘关系为基础的，在这一原始共同体中个人行为要绝对地遵循共同体的意志并受其支配，个人没有任何独立性可言。社会生产极不发达，人口极度稀少，人类差不多完全受大自然的支配；活动方式单一，活动

---

① 中共中央马克思恩格斯列宁斯大林著作编译局．马克思恩格斯选集：第4卷[M]．北京：人民出版社，1995：378．

② 中共中央马克思恩格斯列宁斯大林著作编译局．马克思恩格斯选集：第4卷[M]．北京：人民出版社，1995：580．

空间受到限制，人只能在某一特定的区域范围内进行交往活动，社会关系贫乏、狭隘。物质生产劳动越不发展，劳动产品生产数量越少，社会财富越受限制，个人与社会就越受血缘关系的支配。随着物质生产劳动的发展，人类自身的再生产方式也发生了变化，从最初"杂乱的性关系"到"血缘家庭"，再过渡到"普那路亚家庭"，原始氏族制度是从"普那路亚家庭"中直接发生的①。在这个时候，原始自然群体内部出现了某种程度的非自然关系，这是最初形态的社会关系。劳动生产水平不断发展，越来越多的劳动产品被生产出来，并产生一定的剩余，从而使一些私人开始拥有财富，这时氏族制度逐渐解体，人类开始走向文明社会。因此，劳动生产活动是人与社会产生的根源，人的发展和社会发展的全部内容是劳动生产活动不断发展的历史过程。

二、社会的实践本质

生产劳动实践是人类社会存在与发展的必要前提条件，社会的发展是人的劳动实践能力发展的结果，"全部社会生活在本质上是实践的"②。实践活动是社会的根本存在方式，物质生产实践是社会生活的最基本内容，在物质生产活动基础上处

---

① 中共中央马克思恩格斯列宁斯大林著作编译局．马克思恩格斯选集：第4卷
[M]．北京：人民出版社，1995：38.
② 中共中央马克思恩格斯列宁斯大林著作编译局．马克思恩格斯选集：第1卷
[M]．北京：人民出版社，1995：56.

理社会关系以及创造精神文化的实践活动共同决定社会生活的各方面。马克思、恩格斯认为，人们要生存首先必须进行物质生产活动来解决吃穿住用行等必要的基本物质生活需要的问题，在此基础上才能够从事政治、文化、科学、艺术等社会活动。由此可知，社会物质生产活动是人类最基本的实践活动。

人们的生产实践活动不仅要与自然发生联系，还要与他人产生联系。人通过生产实践活动在与自然界进行能量交换创造物质财富的过程中，同时还要与他人进行相互合作与相互交换的活动，进而形成人与自然、人与人、人与社会之间的关系。"人们在生产中不仅仅影响自然界，而且也互相影响。他们只有以一定的方式共同活动和互相交换其活动，才能进行生产。为了进行生产，人们相互之间便发生一定的联系和关系；只有在这些社会联系和社会关系的范围内，才会有他们对自然界的影响，才会有生产。"① 在生产实践活动中人与人之间形成了以物质利益为核心的生产关系，这种关系包括劳动分工与合作之间的关系，生产资料的占有关系，劳动产品的交换、分配、消费之间的关系等。此外，在经济基础上又形成了政治、法律、制度、道德、哲学、宗教等关系。

自然界的一切物质运动形式如机械运动、物理运动、化学运动和生命运动都是无目的的自发的运动。而人类社会不同于

---

① 中共中央马克思恩格斯列宁斯大林著作编译局. 马克思恩格斯选集：第 1 卷 [M]. 北京：人民出版社，1995：344.

自然界，人及其实践活动为社会历史发展的全部内容，人的劳动实践是社会得以运转的最基本要素，整个社会是劳动实践及其基础上所形成的社会关系而构成的有机体。人类社会是人类通过实践活动来追求自身的生存与发展过程中自觉结成的共同体，整个人类社会的全部内容是人类实践活动的全过程，人类社会的发展规律是人类实践活动的规律，人类社会的每一次发展进步都是人类自觉选择与推动的结果。

三、社会的基本矛盾

　　整个人类社会是一个复杂的矛盾体系，在这一矛盾体系中各个矛盾具有不同的作用和地位，其中最基本的矛盾是生产力与生产关系之间的矛盾、经济基础与上层建筑之间的矛盾。这两对矛盾在交互作用中从根本上推动了人类社会从低级阶段向高级阶段的发展，并作为人类社会最基本的矛盾贯穿于人类社会发展过程的始终。社会的基本结构由生产力、生产关系和上层建筑三个要素构成。因此，要从这三个要素的整体出发才能全面判断一个社会的性质。在人类社会的庞大复杂的体系中，这两对社会基本矛盾作为主干，其他社会矛盾都是围绕着基本矛盾而产生的分支，社会基本矛盾规定并制约着其他社会矛盾的发生、发展与解决。这两对矛盾在相互作用中形成了本质联系与基本矛盾运动，即生产关系一定要适合生产力状况、上层建筑一定要适合经济基础状况的社会发展基本规律。

社会生产力是人与自然界进行物质转换的过程中所体现的生产实践水平，是人类改造并利用自然从而适应人的生存与发展需要以及社会发展需要的物质力量。马克思指出："人们的生活自古以来就建立在生产上面，建立在这种或那种社会生产上面，这种社会生产的关系，我们恰恰就称之为经济关系。"①人们在物质生产实践过程中形成了人与人之间的交往活动，并建立了经济社会关系，这一经济关系就是生产关系，这是生产方式的社会形式。生产力与生产关系之间是一个矛盾的辩证运动的过程。一方面，生产力决定生产关系。正如马克思所指出的"手推磨产生的是封建主的社会，蒸汽磨产生的是工业资本家的社会"②。这意味着生产关系是建立在生产力基础之上的，生产力的发展水平决定了生产关系是什么样，而生产关系要适应生产力的发展。也就是说生产力决定生产关系的产生、发展及其性质。另一方面，生产关系反作用于生产力。生产关系影响并制约生产力的发展状态，当生产关系适合生产力的发展时，生产关系能够促进生产力的发展，有利于社会发展进步；当生产关系不适合生产力发展时，生产关系将阻碍和束缚生产力的发展，成为生产力进一步发展的桎梏，进而使社会发展缓慢、停滞或倒退。生产力具有决定性的根本作用，生产关系的

① 中共中央马克思恩格斯列宁斯大林著作编译局．马克思恩格斯全集：第46卷（上）［M］．北京：人民出版社，1979：488．
② 中共中央马克思恩格斯列宁斯大林著作编译局．马克思恩格斯选集：第1卷［M］．北京：人民出版社，1995：142．

形成与发展不仅取决于生产力，而且也有上层建筑等一些因素的影响作用。

经济基础是一个社会占统治地位的生产关系的各个方面的总和，而上层建筑是一个社会建立在经济基础之上的政治法律制度及其设施和社会意识形态。经济基础与上层建筑的关系是一个矛盾的辩证运动的过程。一方面，经济基础决定上层建筑的产生、发展及其性质。生产力对生产关系和上层建筑起着根本决定作用，而经济基础直接决定上层建筑，上层建筑建立在经济基础之上，有什么样的经济基础就将形成什么样的上层建筑。另一方面，上层建筑反作用于经济基础，上层建筑建立在一定的经济基础之上，上层建筑的功能是通过控制与调节社会生活来服务于上层建筑赖以产生的经济基础，维护经济基础的持久稳定发展，并不断地巩固与完善产生上层建筑自身的经济基础，解决并排除那些影响经济基础发展的不利因素。政治上层建筑即政治法律制度及其设施，具有强制性的功能，而思想和观念上层建筑即社会意识形态，具有非强制性的功能。当上层建筑的功能发挥能够满足经济基础的发展需要，将巩固与促进经济基础的发展；如果上层建筑违背经济基础的发展需要，将会破坏经济基础的稳定与发展。

四、社会的历史发展过程

人类社会的发展同自然界的发展过程一样具有客观性与规

律性特征，因而马克思认为社会发展是自然历史过程。人类社会作为自然界长期发展的产物，物质生产劳动是人与人类社会得以产生并发展的根本前提，这就意味着人类社会的基础是客观的物质体系。人作为社会主体，首先要满足自己的衣食住行等基本物质生活需要，也就是说人是物质性的人。社会物质生产实践活动是人与社会存在的最基本的方式，在生产过程中人与人之间需要交往、合作，进而在物质生产关系基础上建立了一切社会关系。因此，社会物质生活是产生其他一切社会生活的基础与根本，社会生产力的发展是社会得以存在与发展的决定力量。

人类社会是由诸多要素相互联系、相互作用构成的庞大而复杂的有机整体。在这里，社会基本矛盾是生产力与生产关系、经济基础与上层建筑的矛盾，这两对矛盾相互影响、相互作用，存在于所有社会形态并贯穿于社会发展的始终，规定着社会的基本性质和基本结构。那些具体的变化发展着的社会其他矛盾和社会生活现象都是围绕着社会基本矛盾展开的，是社会基本矛盾的外在表现形式。社会基本矛盾作为人类社会发展的根本推动力制约着其他社会矛盾的产生、发展与解决。人的实践活动创造社会并推动社会发展，人的生存与发展的全部实践活动构成社会存在与发展的所有内容。但社会发展并不是人类任意的、随心所欲的实践活动的结果，而是社会内部矛盾推动下合乎规律的辩证发展过程，因而只有在遵循社会发展规律的基础上人类的实践活动才能推动社会发展进步。

人类社会发展的历史进程中，社会形态的发展是相对独立地次第演进的过程。"人的依赖关系（起初完全是自然发生的），是最初的社会形态，在这种形态下人的生产能力只是在狭窄的范围内和孤立的地点上发展着。以物的依赖性为基础的人的独立性，是第二大形态，在这种形态下，才形成普遍的社会物质变换，全面的关系，多方面的需求以及全面的能力的体系。建立在个人全面发展和他们共同的社会生产能力成为他们的社会财富这一基础上的自由个性，是第三个阶段。"[1] 在这里马克思阐述了社会形态的三个发展阶段的演进过程及其表现，原始社会、奴隶社会、封建社会、资本主义社会、社会主义社会是三大社会形态依次更替演进的具体表现模式。虽然并不是所有民族的社会发展模式都是按照这五种模式变化发展，但却不能逃脱马克思所阐述的这三大社会形态的依次演进过程，这是每个民族的社会发展的必经之路，人类社会整体的发展所呈现的统一性特征是由社会发展基本规律决定的。

社会的一切实践活动都是由人实现的，人是社会发展的主体。社会发展的规划、决策和实施都是由人来进行和完成的，社会发展是人为了更好地满足自身的生存与发展需求而创造的条件，最终目的是促进人自身的全面发展。因此，社会发展的

---

① 中共中央马克思恩格斯列宁斯大林著作编译局. 马克思恩格斯全集: 第46卷（上）[M]. 北京: 人民出版社, 1979: 104.

衡量标准是人的发展。人的需要的多方面多层次的发展以及人的实践活动能力的发展是社会发展的根本推动力。正如马克思所说："已经得到满足的第一个需要本身、满足需要的活动和已经获得的为满足需要而用的工具又引起新的需要。"① 人的需要是不断发展的，人为满足自身需要而不断进行的实践活动也是不断发展的，进而不断推动整个社会的进步。伴随社会进步、人的多方面多层次需要得到满足，人本身也就越趋向于全面发展。

第二节　社会历史的特点

人类社会发展的前进运动的历史过程不以人的意志为转移，具有客观必然性。人类社会发展的前进运动并不是直线上升的，而是迂回曲折的，是社会历史的曲折性与进步性的统一。历史规律是人的实践活动的规律，而历史的必然性所体现的是每一个个体实践活动的综合力量。个体的偶然性构成了具体的现实的历史，历史发展的"合力"是由每一个"分力"构成的有机综合，历史的发展是"分力"与"合力"的统一。社会历史并不是人随心所欲创造的，人们的实践活动必须遵循

---

① 中共中央马克思恩格斯列宁斯大林著作编译局．马克思恩格斯选集：第 1 卷［M］．北京：人民出版社，1995：79.

社会发展规律并依赖一定的社会条件才能够实现自己的目的。

一、社会历史的曲折性与进步性的统一

社会历史的具体发展是曲折的，而发展的总趋势是进步的，这构成了人类社会的总体发展过程。马克思主义运用唯物辩证的观点对人类历史作了深入全面的考察，科学地阐明了人类历史进步的总体趋势、基本特点以及内在根源。

社会发展的总体趋势是前进的、上升的运动过程。人类社会发展的前进运动的历史过程不以人的意志为转移，具有客观必然性。人类社会发展的前进运动并不是直线上升的，而是迂回曲折的。列宁指出："设想世界历史会一帆风顺，按部就班地向前发展，不会有时出现大幅度的跃退，那是不辩证的，不科学的，在理论上是不正确的。"① 事实上，人类社会发展的每一阶段具体表现虽然是充满曲折的，前进的、上升的趋势不明显，但在总体上看是不断发展进步的运动过程。社会发展的前进运动并不是直线上升的，而是迂回曲折的。在人类历史发展进程中出现的以阶级对抗为基础的社会，都曾是社会进步的产物。阶级社会的出现在一定程度上也都曾对社会发展与人的发展起到推动作用，都曾是社会发展水平达到新阶段的表现，在不同程度上推进了社会生活各领域各方面的发展进步。当生

---

① 中共中央马克思恩格斯列宁斯大林著作编译局. 列宁全集：第 28 卷 ［M］.
北京：人民出版社，1990：6.

产关系开始阻碍生产力发展的时候，社会发展将停滞不前，甚至倒退。也就是说，当阶级社会中剥削阶级占据统治地位，而被剥削阶级作为生产实践活动主体处于被压迫地位，由于人的本质力量从根本上与社会生产力是一致的，当人畸形片面发展，人的本质力量受到束缚，这将直接导致社会生产力的发展受到阻碍。当生产关系成为生产力发展的桎梏，社会发展将出现下降运动的趋势，甚至出现停滞和倒退。这时必然会出现更先进的社会制度取代旧的社会制度，从而不断地推进历史向前发展。社会下降运动只是人类历史长河中的一段插曲，是暂时的处于曲折发展阶段的过程，而社会发展的上升和进步的总体趋势是不以人的意志为转移的客观的必然。在人类社会发展中出现的一切阻碍因素都是曲折发展阶段的部分，社会发展进步的总体趋势必然能够克服这些阻碍因素，超越曲折发展阶段而不断获得一次又一次的发展进步。

人类社会发展的进步趋势正是体现在从低级阶段向高级阶段发展的社会形态演进的过程中。社会形态从原始社会、奴隶社会、封建社会、资本主义社会、社会主义社会的更替发展中不断地解放与推动了社会生产力的发展，社会形态的每一次更替以及社会的每一次变革都在不同程度上发展了社会生产力，从而促进了人类社会的发展进步。例如，原始社会被奴隶社会所替代，随之而来的是野蛮的奴隶制，但是这从历史发展总趋势来说却具有巨大的社会进步性，这主要体现在社会更迭中生产力获得了极大的发展。资本主义私有制被社会主义公有制所替代,资本主义私有制束缚生产力的发展并阻碍社会的进步,而社会主义公有制作为更先进的生产关系适合生产力进一步发展的需求,这遵循了社会发展的基本规律,有利于推动社会的发展和人的发展。在人类历史发展中,社会形态的次第演进过程呈现出历史的总体不断地向前推进的趋势。当历史发展到某一社会形态时,将会在这一社会形态容许范围内进行社会改革与调整,从而使社会各领域各层面实现协调稳定的运转,在最大程度上促进社会发展进步。

实际上,社会基本矛盾尤其是生产力与生产关系的矛盾作为根本动力推动着人类历史由低级阶段向高级阶段发展的趋势。生产力与生产关系、经济基础与上层建筑这两对社会基本矛盾始终贯穿于人类社会发展的始终。在一定的发展阶段中,当旧的生产关系以及上层建筑不再适合生产力发展,而成为生产力发展的阻碍之时,生产力必然会冲破一切旧的桎梏并寻求有利于自身解放与发展的新的生产关系和上层建筑。因此,随着生产力的发展必将形成新的生产关系和上层建筑,在这一矛盾的相互作用中促进整个社会的发展进步。

在阶级社会里,剥削阶级占统治地位,统治阶级与被统治阶级之间的关系相互对立,当这种对立达到极端状态必然促使新的生产关系和上层建筑推翻旧的生产关系和上层建筑。阶级斗争是历史进步的直接动力,推动社会形态的发展演进,进而推动社会生产力的进一步解放，促进人类历史向前发展进步。在某一社会形态的内部出现的统治阶级与被统治阶级之间的对立关系，将会促使统治阶级为了维护社会有序发展对社会生活各方面以及社会关系做出一定的改革、调控，这是统治阶级对被统治阶级的对抗斗争做出的一定程度上的让步，根本意图在于缓和统治阶级与被统治阶级之间的矛盾，这有利于社会发展。因此，阶级斗争对历史进步具有直接的推动作用。

人是历史主体，历史的一切发展都是人自觉追求的结果。无论是社会物质财富、精神财富还是社会制度的变革，都是人通过社会实践活动将人类历史发展进步的价值追求转变为现实的结果。人的生存与发展的需求是历史发展进步的内在动力，历史发展的目的是人本身，人自觉追求历史发展进步符合人自身的发展需要。因此，人是人类社会历史的创造者，也是推动历史发展进步的现实主体力量，历史进步是人类历史发展的必然趋势。总之，人类历史发展是曲折性与进步性的统一，历史发展总体趋势是进步的、上升的，这是不以人的意志为转移的社会发展的基本规律。

二、社会历史的"分力"与"合力"的统一

每一个个体在追求自身生存与发展的实践活动中创造了历史的全部内容，个体的不同意愿及其不同活动在外部各种力量的相互作用下形成了有机综合的力量，这种"合力"产生历史

并推动历史发展。历史发展的"合力"是由每一个"分力"构成的有机综合，离开"分力"就无法形成"合力"。历史是在每一单个意志的"分力"相互作用的基础上所产生的"合力"的结果，"无论历史的结局如何，人们总是通过每一个人追求他自己的、自觉预期的目的来创造他们的历史，而这许多按不同方向活动的愿望及其对外部世界的各种各样作用的合力，就是历史"①。历史规律是人的实践活动的规律，而历史的必然性所体现的是每一个个体实践活动的综合力量。由于每一个个体的价值观念、意愿、智慧、才能等因素的不同，甚至有可能会造成个体意愿的相互冲突，从而导致人类历史发展的曲折性。但历史发展的上升的、进步的总体趋势是客观必然的，不以任何人的意志而转移。

恩格斯指出，"历史是这样创造的：最终的结果总是从许多单个的意志的相互冲突中产生出来的，而其中每一个意志，又是由于许多特殊的生活条件，才成为它所成为的那样。这样就有无数互相交错的力量，有无数个力的平行四边形，由此就产生出一个合力，即历史结果，而这个结果又可以看作一个作为整体的、不自觉地和不自主地起着作用的力量的产物。因为任何一个人的愿望都会受到任何另一个人的妨碍，而最后出现的结果就是谁都没有希望过的事物。所以到目前为止的历史总

① 中共中央马克思恩格斯列宁斯大林著作编译局. 马克思恩格斯选集：第4卷[M]. 北京：人民出版社，1995：248.

是像一种自然过程一样地进行，而且实质上也是服从于同一运动规律的。但是，各个人的意志——其中的每一个都希望得到他的体质和外部的、归根到底是经济的情况（或是他个人的，或是一般社会性的）使他向往的东西——虽然都达不到自己的愿望，而是融合为一个总的平均数，一个总的合力，然而从这一事实中决不应做出结论说，这些意志等于零。相反地，每个意志都对合力有所贡献，因而是包括在这个合力里面的"①。

　　每一个个体的意志对历史发展进步都作出了或大或小的贡献，人类历史也并不会按照个体意志的努力方向发展，而是在个体意志相互作用的基础上所形成的"合力"的方向上发展。历史发展虽然不取决于个体的意愿，个体意愿也并不一定完全实现，但并不能否认单个人的意志对历史发展的贡献，只有在每一个个体的"分力"作用的前提下才能形成历史的"合力"，"分力"包含在"合力"中，这一"合力"正是个体"分力"相互作用的综合结果。历史的发展不是任意的过程，而是有其内在发展规律。虽然每一个个体的活动具有偶然性，但历史的规律正是人的实践活动的规律，也就意味着所有个体的偶然性的有机综合形成历史发展的总体趋势，这是历史发展的必然性。在这里，所有的个体活动的偶然性都是围绕着一般规律进行，而历史的普遍规律支配着历史的全部活动。因此，

---

① 中共中央马克思恩格斯列宁斯大林著作编译局．马克思恩格斯选集：第 4 卷 [M]．北京：人民出版社，1995：697.

个体的偶然性构成了具体的现实的历史，"分力"与"合力"是相统一的。正如马克思所指出的："人们的社会历史始终只是他们的个体发展的历史，而不管他们是否意识到这一点。"①

三、社会历史的决定性与选择性的统一

虽然人类历史是客观的有规律的"自然历史过程"，但人类历史不同于自然界的自在发展过程，人类历史是人的自觉活动的产物，人类活动的过程是人类历史的决定性与选择性的统一。恩格斯指出："在社会历史领域内进行活动的，是具有意识的、经过思虑或凭激情行动的、追求某种目的的人；任何事情的发生都不是没有自觉的意图，没有预期的目的的。"② 因此，人类历史是客观社会历史的决定性与历史主体的自觉选择性的统一。

人类历史是人的实践活动的结果，人是创造历史的主体，历史的发生发展都是人的自觉选择的结果。"历史什么事情也没有做，它'并不拥有任何无穷尽的丰富性'，它并'没有在任何战斗中作战'！创造这一切、拥有这一切并为这一切而斗争的，不是'历史'，而正是人，现实的、活生生的人。'历史'并不是把人当作达到自己目的的工具来利用的某种特殊的

---

① 中共中央马克思恩格斯列宁斯大林著作编译局．马克思恩格斯选集：第4卷[M]．北京：人民出版社，2012：409.

② 中共中央马克思恩格斯列宁斯大林著作编译局．马克思恩格斯选集：第4卷[M]．北京：人民出版社，1995：247.

人格。历史不过是追求着自己目的的人的活动而已。"① 因此，这意味着历史是具体的现实的人的实践活动的产物，历史发展体现出历史主体的自觉选择性。

马克思在阐述资本主义经济运动规律中指出："我决不用玫瑰色描绘资本家和地主的面貌。不过这里涉及的人，只是经济范畴的人格化，是一定的阶级关系和利益的承担者。我的观点是把经济的社会形态的发展理解为一种自然史的过程。不管个人在主观上怎样超脱各种关系，他在社会意义上总是这些关系的产物。同其他任何观点比起来，我的观点是更不能要个人对这些关系负责的。"② 每个人的实践活动都不是随心所欲的，而是受一定的社会关系制约。人类历史具有自身发展规律，这一规律正是人类自身的实践活动的规律，反过来人在实践活动过程中所形成的历史规律又对人自身发挥着普遍制约性作用，因而人的实践活动必须遵循历史规律才能有效地推动社会发展与人的发展，这就体现出人类历史的决定性。

社会历史的客观规律决定人类历史的发展，历史规律的决定性主要体现在历史发展方向上的总趋势。这种总趋势包含多种发展可能性，将哪种可能性变成现实取决于历史主体的自觉

① 中共中央马克思恩格斯列宁斯大林著作编译局．马克思恩格斯全集：第 2 卷 [M]．北京：人民出版社，1957：118—119．
② 中共中央马克思恩格斯列宁斯大林著作编译局．马克思恩格斯选集：第 2 卷 [M]．北京：人民出版社，1995：101—102．

选择性。社会历史的客观规律对社会发展的决定性作用体现在无数复杂因素相互作用而形成的决定性。历史规律决定历史发展总体趋势并呈现出历史发展多种可能空间，哪种可能性转化为现实这取决于人的自觉选择，因而这就意味着主体的自觉选择范围正是在历史总体趋势所包含的多种可能性范围内。而无论哪种可能性转变为现实都符合社会历史规律，这正体现出社会历史规律的决定性作用。历史主体的选择性体现在历史主体能够自觉选择历史发展的可能性并能够自觉地追求历史发展方向。因此，并非哪一种可能性变成现实都能够合乎历史主体的意愿，在这里就存在要选择哪种满足主体需求的可能性发展方向的问题。历史主体通过发挥主观能动性评估历史发展多种可能性的基础上，选择合乎自身目的的可能性并为其实现创造条件，同时还要阻止其他可能性的实现，从而使人类历史向着历史主体所预想的方向发展。总之，人类历史的发展是历史规律的客观决定性和历史主体自觉选择性相互作用的结果。

人们在遵循客观规律前提下进行创造历史的活动。"人们自己创造自己的历史"，并不是随心所欲的，受到很多方面因素制约，而这些因素正是人自身活动的产物，即众多单个意志交互作用的结果。这些制约因素具体体现为一定历史发展阶段的经济、政治和精神文化条件。"其中经济的前提和条件归根到底是决定性的。但是政治等的前提和条件，甚至那些萦回于人们头脑中的传统，也起着一定的作用，虽然不是决定性的作用。"① 这些因素正是人通过社会实践活动创造的"作为整体的、不自觉地和不自主地起着作用的力量"，反过来对每个人的社会生活与实践活动具有一定程度的制约性。"每一代都利用以前各代遗留下来的材料、资金和生产力；由于这个缘故，每一代一方面在完全改变了的环境下继续从事所继承的活动，另一方面又通过完全改变了的活动来变更旧的环境。"② 人类历史的发展过程正是人们在既定历史条件下所创造的历史活动并不断地实现着世代交替。

社会进步是人有意识的实践活动推动的结果，并通过人的实践活动来体现。社会发展规律与人的需要、利益等相关，但社会历史并不是人随心所欲创造的，人们的实践活动必须遵循社会发展规律并依赖一定的社会条件才能够实现自己的目的。因此，人们的行为应当符合自身的需要、利益和价值，符合人自己的目的。人们逐渐认识到必须通过社会进步才能改善人们的生存条件，追求更好的生活，这是人们推进社会进步的目的。社会历史不是人随意创造的，社会发展进程与方向也不是人随意改变的。社会发展规律存在于人的行为之中，实质上就是人的活动规律，不以个人或部分人的主观意志为转移。因

---

① 中共中央马克思恩格斯列宁斯大林著作编译局. 马克思恩格斯选集：第 4 卷 [M]. 北京：人民出版社，1995：696.

② 中共中央马克思恩格斯列宁斯大林著作编译局. 马克思恩格斯选集：第 1 卷 [M]. 北京：人民出版社，1995：88.

此，必须在正确认识规律基础上，充分发挥主观能动性，才能够推动社会向前发展。人们越能够正确认识社会发展的客观规律，就越能够将自身预期目的变成现实，不断推进社会进步和人的发展，从而人们就越能够在更高程度上认识规律，这体现了社会历史的决定性与历史主体的自觉选择性的辩证统一关系。

第三节　社会发展规律的运行机制

整个人类社会是人的实践活动的结果，人类实践活动过程中的本质联系构成社会发展规律。社会发展规律是通过人类的实践活动生成的，是人的实践活动的规律，伴随着人类社会的产生与发展而形成，没有人的存在及其活动任何社会规律都不可能产生和实现。社会规律作为社会有机整体内部诸要素之间运行的最深层的本质的关系，反映出社会发展的总体趋向以及客观的历史必然性。主体的自觉活动是社会规律得以实现的内在推动力，表现为主体对社会规律的认识与实践能力，二者相互作用、相互促进，是不可分割的发展过程。科学的理性意识是对社会规律及其外化的正确反映，社会主体获得科学的理性意识才能够有力地提升对社会规律的认识能力和实践水平。主体在实践过程中只有遵循客观规律，认识与把握事物内部以及事物之间的本质联系，不断提升实践能力，把握社会规律的实现机制，才能推动社会全面进步、人的全面发展。

一、社会发展规律的内涵

规律是事物内部本质的、必然的联系，规律通过各种具体形式获得外在表现。社会历史的条件不同，规律的实现形式就不同。规律的实现形式绝不等同于规律本身，它比规律更生动、更丰富。人类社会历史发展的全部现象终归都受规律支配，人的活动不可能脱离历史规律而获得独立存在。

社会是由人和自然的关系、个人和社会的关系、人的意识关系这三个基本关系构成的个人活动总体。在人和自然的关系中，人作为自然界的特殊部分具有自然性，人的存在与发展依赖于自然，同时人作为历史主体能够认识自然规律、改造并利用自然，这是形成人类历史的基础和前提；在个人和社会的关系中，通过人与人的交往活动建立社会关系，人成为社会存在物；在人的意识关系中，社会是人的自觉活动的存在形式。在人的物质生产实践活动基础上形成社会规律本质的、必然的、稳定的联系，因而社会发展规律是人的实践活动的产物。恩格斯指出，社会发展规律即"人们自己的社会行动的规律"①。生产力、生产关系和上层建筑三个方面构成社会总体，形成社

---

① 中共中央马克思恩格斯列宁斯大林著作编译局. 马克思恩格斯文集：第 3 卷 [M]. 北京：人民出版社，2009：564.

会基本规律即生产关系必须适合生产力的规律和上层建筑必须适合经济基础的规律。其他社会矛盾和社会现象都是围绕这一社会基本规律展开的。

在人类社会发展进程中，社会形态依次演进的现象是社会发展基本规律的现实具体表现，其表现形式具有复杂性与多样性，是较低层次的规律。马克思依据社会发展的基本规律，从不同的角度对社会形态发展阶段进行划分。依据所有制关系，"大体说来，亚细亚的、古代的、封建的和现代资产阶级的生产方式可以看作是经济的社会形态演进的几个时代"①，以及未来的共产主义生产方式，这构成社会历史发展的五形态理论。从人的解放程度方面来说，"人的依赖关系（起初完全是自然发生的），是最初的社会形态，在这种形态下，人的生产能力只是在狭窄的范围内和孤立的地点上发展着。以物的依赖性为基础的人的独立性，是第二大形态，在这种形态下，才形成普遍的社会物质变换，全面的关系、多方面的需求以及全面的能力的体系。建立在个人全面发展和他们共同的社会生产能力成为他们的社会财富这一基础上的自由个性，是第三个阶段"②。马克思通过具体分析社会形态演进过程的内在机理与具体表现形式，发现规律发挥作用的方式，揭示出社会发展的

① 中共中央马克思恩格斯列宁斯大林著作编译局. 马克思恩格斯选集：第 2 卷 [M]. 北京：人民出版社，1995：33.

② 中共中央马克思恩格斯列宁斯大林著作编译局. 马克思恩格斯全集：第 46 卷（上）[M]. 北京：人民出版社，1979：104.

基本规律。无论从哪个方面进行考察，社会形态演进的过程都是由社会发展的基本规律支配。

社会发展规律从其普遍程度与作用范围来看，可划分为一般规律、特殊规律、个别规律。一般规律是在社会历史发展的一切阶段和层次都起作用的规律，如社会存在决定社会意识规律、生产力决定生产关系规律等。特殊规律是指在社会历史发展的一定范围、一定阶段内发挥作用的规律，如阶级斗争是阶级社会发展的直接动力规律，在奴隶制社会、封建制社会和资本主义社会都同样会发生作用，而不是局限于一个社会形态。个别规律是在某一社会领域和社会发展阶段所独有的规律，如剩余价值规律只能在资本主义社会发生作用。一般规律寓于特殊规律或个别规律之中，总是具体表现在特殊规律或个别规律中，而特殊规律和个别规律不能离开一般规律而存在。

在社会发展中，一般规律表现社会现象间最一般、最稳定的联系，适用于任何社会形态中一切社会现象及每一社会现象任何发展阶段的始终，是人类社会发展的普遍性规律。一般规律将社会发展的一切过程作为必然联系的有机整体，决定着一种社会形式向另一种社会形式的过渡。例如，生产关系一定要适应生产力发展状况的规律有助于了解从原始社会过渡到奴隶社会、奴隶社会过渡到封建社会、封建社会过渡到资本主义社会，资本主义社会又必然向社会主义社会过渡。生产关系一定要适应生产力发展状况的规律贯穿于一切社会形态发展的始终。基于这一规律，在封建社会条件下客观必然性要求消灭腐朽的封建制生产关系，建立更为先进的资本主义生产关系，进而解放与发展生产力；而在资本主义条件下要求消灭残酷的资本主义生产关系，从而确立更能适应新的生产力需求的社会主义生产关系。而个别社会的个别规律无法反映一切社会形态发展的本质，以及各个社会发展阶段的内在统一关系，只是反映特殊的具体现象，因而特殊的个别的规律会随着社会历史条件的变化退出历史，并产生新的规律。生产关系必须适应生产力的规律和上层建筑必须适应经济基础的规律作为社会发展的一般规律，在一切社会发展形态中都能稳定地、普遍地发挥作用，随着社会历史条件的改变，变化的只是一般规律的具体表现形式。

正如马克思所言："一切生产阶段所共有的、被思维当作一般规定而确定下来的规定，是存在的，但是所谓一切生产的一般条件，不过是这些抽象要素，用这些要素，不可能理解任何一个现实的、历史的生产阶段。"① 因此，一般规律能够撇开各个社会发展阶段和具体社会形态之间的差异而确定一般规定与一般属性，但不可能通过一般规律了解任何具体的生产方式，必须通过个别规律才能获得现实的具体的存在方式。在社会发展中，特殊规律与个别规律表现的是社会具体现象、具体

① 中共中央马克思恩格斯列宁斯大林著作编译局. 马克思恩格斯选集：第 2 卷 [M]. 北京：人民出版社，1995：6.

事物，随着社会历史条件发生变化，在一定时期发挥暂时性作用后，便被新的规律所取代。

二、社会发展规律的特点

自然界的运动过程是各种自然力量在交互作用中形成的，自然界自身的内在联系与结构构成其存在与发展的根据、条件以及作用机制。而人类社会是人的社会实践活动的结果，因而人的实践活动的内在规律支配着人类社会的发展规律。在这里主要从一切规律所共有的特点来考察社会发展规律。

（一）社会发展规律具有客观性

社会发展规律的客观性是指存在于人之外，不以人的意志为转移的客观存在。主体意志之外的客观社会历史条件决定社会发展规律的性质以及作用范围。在自然界，自然规律是无意识的、盲目的自发性的自然力量发挥作用的表现，这一发展过程的实现脱离于人的社会实践活动。而在人类社会领域中，人是历史的创造者，人是推动社会历史发展的主体。在社会发展过程中，人的主体意志发挥着巨大作用，社会发展规律是在人们的社会实践活动基础上生成与实现的客观的外在必然性。

在马克思看来，社会发展规律是"人们自己的社会行动的规律"[①]。社会发展阶段的不同划分是由生产力所决定的，即

① 中共中央马克思恩格斯列宁斯大林著作编译局．马克思恩格斯文集：第3卷[M]．北京：人民出版社，2009：564．

怎样生产而不是生产什么。"手推磨产生的是封建主的社会，蒸汽磨产生的是工业资本家的社会。"① 因此，社会发展规律不可能离开人的活动而存在，没有人的活动就不会形成社会历史。

人的活动及其物质条件构成人类社会历史，人类作为社会主体赋予人类历史以意义，一方面人类历史由人类自己所创造，另一方面社会发展规律具有客观必然性。在不以主体意志为转移的一定的社会历史条件下，人的活动创造自己的历史，这些社会历史条件并不是由主体意图来支配与选择的，"人们不能自由选择自己的生产力——这是他们的全部历史的基础"②。每一代人所处的社会历史环境是继承前人实践活动的成果，人的社会行动要在现成的生产力与生产关系的背景下进行，而不能按照主体意志自由选择生产力与生产关系。人们在发展与改变生产力与生产关系时必然要以之前的社会历史条件为基础，根据当前社会生产力发展水平而形成的一定的经济关系，在这一基础上建立一定的上层建筑。社会发展各个阶段的具体的现象背后具有不以人的意志为转移的客观规律，这是人的社会行动所要遵循的客观必然性。

---

① 中共中央马克思恩格斯列宁斯大林著作编译局．马克思恩格斯文集：第1卷［M］．北京：人民出版社，2009：602.
② 中共中央马克思恩格斯列宁斯大林著作编译局．马克思恩格斯文集：第10卷［M］．北京：人民出版社，2009：43.

（二）社会发展规律具有必然性

社会发展规律是必然性与偶然性的统一。在人类社会，社会主体是有目的、有意识的人，人类社会的发展是人的活动的结果，但社会发展受客观必然性的制约。恩格斯指出："在表面上是偶然性在起作用的地方，这种偶然性始终是受内部的隐藏着的规律支配的，而问题只是在于发现这些规律。"① 正是客观必然性的因素决定社会发展不可避免的总体趋势，为社会发展提供基础、范围和可能性，但无法呈现现实事物发展的必然性结果。人作为历史主体自由选择社会发展的具体方向并决定着具体事物的最终发展结果。社会发展的客观必然性寓于社会发展主体即人的自由的偶然性选择中，在社会发展的客观必然性中社会历史主体会在一定的可能性发展空间中选择哪种具体发展方向，这充满偶然性因素。特别是一个民族在处于历史转折点时，社会进一步发展呈现出多种可能性路径，哪种可能性会变为现实，这是由这个民族自身的自觉选择的方向以及内部阶级力量对比决定的。例如，当中国新民主主义革命胜利后，中国人民面临着是选择走社会主义道路还是资本主义道路的问题，根据当时中国具体国情，中国人民跨越资本主义道路而选择了社会主义发展道路。由此可以得出，社会发展客观必然性的形成及其作用的发挥不能脱离社会发展主体的人的自由

① 中共中央马克思恩格斯列宁斯大林著作编译局. 马克思格格斯文集：第 4 卷 [M]. 北京：人民出版社，2009：302.

选择的偶然性因素。确定的社会发展客观必然性要通过非确定的主体选择的偶然性才能够实现。

主体自觉选择的偶然性因素是社会发展客观必然性的现实的具体实现方式，但作为社会历史主体的人的偶然的自觉选择受社会发展必然性的制约。具体来看，社会发展的主体自觉选择的多种可能性途径蕴含着社会发展的客观必然性，社会发展主体的选择范围与对象并不是随心所欲的，这种选择要在社会发展客观必然性的既定可能性空间范围内进行。客观既定的可能性空间的对象与范围的形成是由不以人的主观意志为转移的生产力状况决定的，生产力的状况从根本上决定了生产关系的基本条件。主体的自觉选择不可能改变社会发展的总体趋势。主体选择的多种可能性途径虽然使一个民族跳跃进入某种社会形态，迈进社会发展的下一阶段，呈现出社会发展形态的跳跃性和多样性，但这种选择性与多样性无法改变社会发展客观必然性的总趋势。针对俄国变革的实践经验，列宁曾指出，"世界历史发展的一般规律，不仅丝毫不排斥个别发展阶段在发展的形式或顺序上表现出特殊性，反而是以此为前提的"①，社会发展的必然性的形成与实现离不开社会发展主体的偶然性自由选择，人类社会发展是客观必然性与主体自觉选择性相统一的。

① 中共中央马克思恩格斯列宁斯大林著作编译局. 列宁选集：第 4 卷［M］. 北京：人民出版社，1995：776.

（三）社会发展规律具有重复性

社会发展规律具有重复性，只要具备一定的社会历史条件，在社会规律发挥作用的范围内会不断地重复出现类似的现象。在人类社会领域，商品经济社会中价值规律必然在其中发挥作用。社会时间具有不可逆的特性，具体的社会历史发展阶段及其内容是个别的、单一的和不可重复的，所以人类社会历史不会重演，但一旦具备一定的社会历史条件，相似的社会现象还是有重复出现的可能。例如，1840 年的鸦片战争不会重复，而战争作为社会现象在一定的社会条件下便会不断地出现。每一个国家与民族都有自己的文化与历史以及特有的社会状况，但这一切都是在一定的经济基础上建立起来的，并在这一基础上形成与之相适应的上层建筑。社会发展的最普遍的、最基本的规律即生产力决定生产关系以及经济基础决定上层建筑的规律，这种社会内部具有普遍性与稳定性的不断重复的联系是支配社会发展的基本规律。具体的社会历史事件只是社会发展规律的一种单一的表现，而社会发展规律的不断重复性是隐藏在具体的社会历史事件背后深层次稳定的、普遍的、必然的本质关系。具体的社会历史事件不会以完全相同的形式重复出现在任何一个国家与民族中，正是这一系列不可重复的社会历史事件中的本质关系体现了社会发展的一般规律。因此，社会发展规律的重复性是指引起具体历史事件的内在因果关系的重复性，这是隐藏在具体历史事件背后深层的经济、政治、文化等特征与结构的重复性。一般规律与个别规律不可分割，相互作用于人类社会发展过程中。

一般规律展现个别事件之间内在的必然联系。一般规律具有抽象性、深刻性、稳定性特征，而个别规律具有多样性、生动直观性、易变性特征。二者具有同一性，每一个个别规律都是一般规律，一般规律只能通过个别规律而获得存在。在马克思看来，人类社会发展规律是在人的实践活动中生成的，人的实践活动受人的动机与意志所影响，不同的动机与意志会导致不同的历史事件、不同的历史进程、不同的历史人物的产生。马克思从一切社会关系中揭示出生产关系的区分，人们不同的实践活动背后具有不同的动机与意志，起决定作用的是在物质生产力基础上形成的人与人之间的生产关系。一方面，在不同的生产关系体系内，人的动机与意志不同；另一方面，相同的生产关系体系内，所处地位不同人的动机与意志就不同，归根结底是物质利益起决定作用。马克思正是通过揭示主体的动机与意志背后的深层原因，即在生产力与生产关系的关系中发现了社会运行中内在结构的重复性和同一性。社会发展的规律就是在许多社会生活现象中重复着的一般的东西。一般规律体现着社会发展的必然性，而个别规律表现着社会发展的偶然性方面。社会形态更替与社会历史演变是社会基本矛盾规律这个最一般的原因作用的结果。人类社会发展的历史事件、历史人物以及历史发展进程是随机的、不重复的，而社会内在的基本结构及其矛盾运动是可重复的。

三、社会发展规律的生成

人类的实践活动是社会发展规律形成的前提和基础，人类实践活动过程中的内在联系构成社会发展规律。人类实践活动是社会存在与发展的基础，是一切社会关系得以产生并发挥作用的根源。社会发展过程中各种社会关系之间的本质的、必然的联系形成社会规律。人类的最基本的实践活动是物质生产活动，在此基础上形成人与自然、人与人、人与意识的关系。马克思认为，人类最基本的实践活动是物质生产活动，人类的其他一切社会活动都是建立在物质生产活动基础之上，物质生产活动不同于精神、政治、宗教活动及其他社会活动，马克思在《德意志意识形态》中明确指出，在物质生产活动基础上形成三种社会关系，即人与自然、人与人以及人与意识的关系。人与自然的关系表现为人们通过自己的活动作用于自然界，从而实现物质转换，从中获取能够满足人自身生存所需的物质生活资料，在这一过程中生成物质关系，形成了生产力。人与人的关系则体现了人们在物质交往活动过程中所形成的社会关系，是整个社会领域中最基本的关系。在人类的物质生产实践活动中形成了生产关系一定要适合生产发展状况的规律。"各个人借以进行生产的社会关系，即社会生产关系，是随着物质生产资料、生产力的变化和发展而变化和改变的。"① 人与意识的关系则是人们在精神交往活动中形成的思想关系，思想关系及其派生物形成了上层建筑各种现象。因此，人类从事的经济活动和政治思想活动及其相互作用，创造了上层建筑必须适应于经济基础的规律。人类社会发展的基本规律是在生产力与生产关系、经济基础与上层建筑的矛盾作用中形成，正是这两大矛盾运动推动着人类社会由低级向高级发展，实现社会形态的更替、演进，支配社会发展的总体方向。

在人类的社会实践活动中形成复杂的、多样的社会关系，社会发展规律是由诸多作用范围、性质、特点不同的规律按照一定的内在逻辑形成的集合体，而不是由单一规律构成。人类社会除了社会发展基本规律以外，还有其他规律的存在。在社会历史领域内，规律从共时态上讲，是社会规律；从历时态上讲，是历史规律；从横向结构而言，有经济、政治、文化规律等；从统摄的范围而言，又有普遍规律、特殊规律和个别规律之分。这些规律的作用、性质都不同，在相互联系、相互制约中共同形成社会发展规律的集合体。而生产力与生产关系、经济基础与上层建筑的矛盾运动规律是社会发展最基本、最核心的规律，它贯穿于人类社会发展过程的始终，决定着整个社会历史的一般进程，并制约其他规律的性质与作用的发挥，从而

① 中共中央马克思恩格斯列宁斯大林著作编译局. 马克思恩格斯文集：第 1 卷 [M]. 北京：人民出版社，2009：724.

推动社会向前发展。而社会其他规律又会影响社会发展基本规律的运作，使社会发展出现曲折与偏差。总之，脱离人类社会实践活动以及人类社会具体历史进程的社会发展规律是不存在的，所有社会发展规律都不可能预先存在，它们都是在人类实践活动过程中形成并发挥作用的。

在人类社会发展过程中，随着人类实践活动条件、水平、范围的变化导致各种社会关系动态发展。而社会发展规律作为社会发展过程中社会关系本质的、必然的联系，其地位、性质和作用也必定会随之发生变化，进而使社会发展规律的表现形式不断地发展变化。人类的物质生产活动一方面依赖社会关系并受其制约，另一方面又具有超越与变革社会关系的特点，对已有的社会关系通过更新与再生的方式进行扬弃，从而使社会关系不断地适应人类物质生产的需要，实现社会关系从简单向复杂、从低级向高级发展。因此，社会发展规律的表现形式以及作用机制呈多样性、复杂性、动态性特征。

自然界的发展规律通过自然事物之间盲目的、无意识的相互作用表现出来。人类社会不同于自然界，是有意识的、有目的的发展过程，人类社会的历史是由人有意识的、有目的的、自觉能动的实践活动构成的。人类通过劳动实践活动创造了自己的历史，从而形成了人类社会历史的发展规律，也就是说社会发展规律就是人的实践活动的规律。社会历史规律是历史主体实践活动的产物，没有社会历史主体及其创造活动，就没有社会历史规律的存在。

四、社会发展规律的作用

社会的产生和发展是人的实践活动的结果，社会发展的全部内容是人的实践活动的总体内容。人是社会的人，社会是人的社会，没有人的存在及其实践活动就没有人类社会。社会发展规律形成并实现于人的实践活动中，社会发展规律就是人的活动规律。社会发展规律发挥作用离不开人的实践活动，需要通过主体科学合理的选择来实现，在这里主体选择是社会发展规律发挥作用的内在机制。

社会发展规律不是单一的，而是一个庞杂的系统，社会发展的基本规律是生产力与生产关系、经济基础与上层建筑的矛盾运动，这对社会发展的基本规律贯穿于人类社会历史发展的始终，从根本上规定着社会历史前进的方向。整个社会是不断运动发展的过程，人类社会的实践活动内容是丰富多样的，因而社会发展规律不仅有社会发展基本规律还有其他的功能与层次不同的社会发展特殊规律，这些共同形成了社会发展规律的总体来支配社会发展进程与趋势。在一定的社会发展阶段，特定社会历史条件下社会各要素之间的联系形成社会发展的特殊规律，社会发展的基本规律与特殊规律发挥作用的方式构成客观机制。整个人类社会是由多方面多层次的各种要素构成的有机整体，而社会发展规律是社会各要素之间本质的、必然的、稳定的内在联系。所以，我们必须深入而全面地对构成社会各个要素的功能及其相互作用的内在关系进行科学的考察，进而揭示社会发展规律发挥作用的客观机制是如何运行的。

马克思指出，"谁用政治经济学的范畴构筑某种意识形态体系的大厦，谁就是把社会体系的各个环节割裂开来，就是把社会的各个环节变成同等数量的依次出现的单个社会。其实，单凭运动、顺序和时间的唯一逻辑公式怎能向我们说明一切关系在其中同时存在而又互相依存的社会机体呢？"[①] 人的物质生产实践活动是全部社会有机体形成并发展的基础。"新的生产力和生产关系不是从无中发展起来的，也不是从空中，又不是从自己产生自己的那种观念的母胎中发展起来的，而是在现有的生产发展过程内部和流传下来的、传统的所有制关系内部，并且与它们相对立而发展起来的。"[②] 社会有机体并不是腾空出世，而是在以往社会历史条件的基础上产生和发展的，也就是说旧的社会生产关系即既定的历史条件是新的社会有机体形成的前提条件。如资本主义社会有机体孕育形成于封建社会生产关系中。早期资本主义社会以手工技术为主要生产方式，这时资本主义社会还不具备彻底推翻封建主义生产关系的能力，工厂手工业无法对整个社会生产进行全面掌控，更不能

---

① 中共中央马克思恩格斯列宁斯大林著作编译局．马克思恩格斯文集：第 1 卷 [M]．北京：人民出版社，2009：603—604．

② 中共中央马克思恩格斯列宁斯大林著作编译局．马克思恩格斯全集：第 46 卷（上）[M]．北京：人民出版社，1979：235．

从根本上改变社会生产方式。虽然如此，但工厂手工业的发展不断地推动着社会分工的发展，这又为资本主义社会有机体的形成创造了物质前提。随着工厂手工业的不断发展，逐渐打破了封建土地占有关系，这时的农民摆脱了土地的束缚转变为自由劳动者，从而获得相对独立的地位，农民作为自由劳动者可以自由地出卖自己的劳动，这些都为资本主义生产关系在工业和农业中占据统治地位创造了基本条件。社会一旦在客观条件和主体条件上达到成熟状态，资本主义的生产关系就会完全取代封建生产关系，开始改造旧有的社会关系，并确立资本主义社会制度，构建资本主义社会结构有机体。

马克思认为整个社会以物质生产实践为基点构建各要素有机联系的整体，"人们按照自己的物质生产力建立相应的社会关系，正是这些人又按照自己的社会关系创造了相应的原理、观念和范畴"[①]。"现在的社会不是坚实的结晶体，而是一个能够变化并且经常处于变化过程中的有机体。"[②] 社会各要素在相互联系与相互作用中形成整个人类社会的有机整体，各要素作为部分的复杂作用只有在整体中才有存在的意义。马克思进一步揭示了"人们在自己生活的社会生产中发生一定的、必然的、不以他们的意志为转移的关系，即同他们的物质生产力的

---

① 中共中央马克思恩格斯列宁斯大林著作编译局. 马克思恩格斯文集：第1卷 [M]. 北京：人民出版社，2009：603.
② 中共中央马克思恩格斯列宁斯大林著作编译局. 马克思恩格斯文集：第5卷 [M]. 北京：人民出版社，2009：10—11.

一定发展阶段相适应的生产关系。这些生产关系的总和构成社会的经济结构，即有法律的和政治的上层建筑竖立其上并有一定的社会意识形式与之相适应的现实基础。社会的物质生产力发展到一定阶段，便同它们一直在其中运动的现存生产关系或财产关系（这只是生产关系的法律用语）发生矛盾。于是这些关系便由生产力的发展形式变成生产力的桎梏。那时社会革命的时代就到来了。随着经济基础的变更，全部庞大的上层建筑也或慢或快地发生变革"①。人类社会的基本结构由生产力、生产关系和上层建筑这三个方面构成。马克思从整个社会生活诸多领域中发现了经济领域的基础性与决定性的作用，揭示了生产力与生产关系在整个社会有机整体中的基础地位。生产力与生产关系的矛盾运动支配着整个社会有机体的发展进程，并决定着历史发展的总趋势。生产力作为社会发展的决定力量，我们必须从这一要素出发来科学考察人类社会发展规律。通过深刻把握社会生产力性质及其发展程度，正确地认识建立在生产力基础之上的生产关系和上层建筑因素，而不是同等看待社会有机体中的各因素发挥作用的影响，不能忽视生产力的根本决定性的作用。同时，我们也不能只看到生产力与生产关系的矛盾运动，而弱化甚至忽略社会有机体中其他因素在整个社会系统中的作用，决不能孤立、绝对地看待经济运动在社会发展

① 中共中央马克思恩格斯列宁斯大林著作编译局．马克思恩格斯文集：第2卷［M］．北京：人民出版社，2009：591—592.

中的决定作用，将社会发展规律简单化，应承认社会作为一个有机整体要想发挥其系统功能就要重视每一要素的间接性影响和复杂性作用。

五、社会发展规律的实现

整个人类社会是人的实践活动的结果，人类社会发展规律是人的实践活动的规律，社会规律的形成与实现要以人的实践活动为前提，没有人的存在及其活动任何社会规律都不可能产生和实现。人的自觉活动的规律构成全部社会规律的内容，社会规律的实现机制正是在人的实践活动过程的基本轨迹中体现。社会规律的实现机制是社会规律通过人的实践活动而转化为现实存在的过程，也就是社会主体认识规律、利用规律、以实践活动为中介不断地促进社会规律现实转化的过程。社会主体只有不断提升认识社会规律的能力以及促进社会规律实现的实践能力，全面而深入地考察社会规律的实现过程，才能够有效地将社会发展规律现实化。

社会规律是社会有机整体内部诸要素之间运行的最深层的本质的关系，通过社会规律这一本质关系反映出社会发展的总体趋向以及客观的历史必然性。而社会规律作为社会有机整体内部最深层的本质关系不是浮现在表层，人无法通过感官感知到，因而主体感性认识必须上升到理性认识才能把握社会规律，并发现社会规律发生作用的方式，最终通过主体的实践活动实现社会规律。具体来说，通过发挥思维能力，人可以透过社会历史具体表面现象来正确地认识与把握社会规律，并能够科学地引导实践活动来达成主体自身的生存与发展目的。人之所以能够认识并利用社会规律达成自己的发展目的，正是依据社会规律将其自身的本质关系不断地呈现的具体的历史现象。在社会规律的实现过程中，人通过发挥主观能动性在分析与总结历史经验中把握社会规律的运行机制，从而对社会规律有更为深刻的理解。

人对社会历史的客观必然性的认识过程主要体现为：首先，通过发现社会有机整体内部的社会本质关系，把握社会发展规律。其次，立足于所处的社会历史条件。人的生存与发展受制于社会历史条件，社会历史条件为人的发展提供了前提和基础。再次，社会发展规律为人预测历史发展趋势与社会发展方向提供了可靠的依据，主体选择要在历史发展总体趋势的范围内，超出这一界限将阻碍主体选择的现实转化，从而使历史迂回曲折发展。主体选择只有顺着历史发展的潮流才能够达成自己的目的，实现社会全面进步、人的全面发展，最终促进人类文明的向前发展。最后，通过对社会本质关系、历史条件、历史发展总体趋势的把握，在遵循客观历史必然性的基础上认识主体的历史任务及其实现途径，从而进行科学合理的主体选择，并有效地引导实践活动以达成主体目的。马克思认为，社会基本矛盾运动的必然要求即规律将作为历史任务摆在人们面前，人们只能提出自己能够解决的历史任务。具体来说，社会规律具有客观的历史必然性，是不以人的意识为转移的，人类历史发展的每一阶段的社会历史条件都不相同，特定的历史条件决定了历史发展的基本轨迹及其基本内容，人不可能摆脱一定的社会历史条件而获得独立的生存与发展，人无法超越时代条件盲目、任意地设定计划、目标、预期结果，否则将会使主体选择目标无法顺利转化为现实。因此，一定的社会历史条件决定了历史发展的基本轨迹以及基本趋向，规定并制约着人的存在方式，特定历史条件下所呈现的历史趋势为人们提出了历史任务，这是人的实践活动最可靠的依据。在客观的历史必然性之中隐藏着历史任务，而这一历史任务又要依赖于客观的历史必然性才能得以实现。社会规律不断实现的过程是主体不断地认识与把握客观的历史必然性的过程，主体只有在庞杂的社会有机整体内部认识与利用社会的本质的关系，才能将历史发展的趋势转化为现实。

主体的自觉活动是社会规律得以实现的内在推动力。主体的自觉活动水平正是体现在人的认识能力与实践能力这两个方面，一方面，社会主体的认识与实践能力水平要以社会规律外化程度为基本前提；另一方面，社会主体的认识与实践能力的发展水平具有相对独立性，也就是体现在个体自身内部认识能力与实践能力相互作用、相互促进的发展过程中。实践是认识的基础，在此之上人们通过理性思维能力才能够发现并把握社会规律。这种认识能力的提升需要经过实践—认识—实践多次反复的过程才能实现，从而使人能够达到认识并利用社会规律的水平。人的认识能力的提升同时能够推动实践活动能力的发展，主体依据客观的历史必然性来进行一系列实践活动，这将促进社会规律的实现，最终达成主体目的。主体不断地提升认识社会规律以及将社会规律外化的能力，这也就是主体从社会历史现象到社会历史深层本质关系的认识过程，是不断实现人的自由全面发展和体现主体性的过程。

主体在认识与把握社会规律的过程中，其认识能力和实践能力相互作用、相互促进、不可分割。人的实践活动的过程同时也是社会形成并发展的过程，社会发展规律是人的实践活动的规律，而社会规律的外化正是人的实践活动的产物。主体的实践能力是促进社会规律实现的内在动力，但社会规律的外化及其实现的进程与人的实践活动发展进程并不是一致的。这是由于主体的认识与实践能力具有相对独立性，并非所有的主体实践活动都是社会规律的现实体现。主体认识社会规律的能力决定了能在多大程度上把握规律并利用规律，如果背离了社会规律发生作用的机制，将会使人的实践活动脱离社会发展规律的基本轨道，违背历史发展的总体趋势，从而使人的实践活动与社会发展规律外化出现不同一的状况。因此，主体的实践活动只有在主体理性意识的引导下，特别是在系统发展了的认识能力的指导下，才能适应社会生产力发展需要，从而推动社会规律的实现。在这里，主体的实践活动或许是理性的，或许是非理性的。只有社会规律外化到一定程度主体才能正确地认识这一规律，从而形成科学的理性认识。由此可知，起初主体的认识能力无法达到理性化的程度是不可避免的，主体的实践活动能力随着人的认识能力从非理性到理性的发展呈现出不断提升的趋势。科学的理性意识是对社会规律及其外化的正确反映，因而二者具有同一性。社会主体获得科学的理性意识，才能够有力地提升对社会规律的认识能力和实践能力水平。

在阶级社会中，社会规律并不符合所有阶级的需要，只符合代表历史发展趋势和新的生产力的革命阶级的需要。因此，当革命阶级认识与把握了社会规律，就必然将社会规律所体现的历史发展趋势和社会发展方向作为自己的历史任务与价值追求，从而成为不断促进社会规律实现的主体力量。在获得科学的理性意识的主体力量的引导下，社会规律的实现减少了迂回曲折的过程，推动历史的快速发展。

所有的事物都是变化发展的，并都有一套自己的运行规律。因此，主体在实践过程中只有遵循客观规律，认识与把握事物内部以及事物之间的本质联系，通过社会规律的外化程度来不断提升认识与实践能力，把握社会规律的实现机制，才能推动社会全面进步、人的全面发展。

第三章

人的发展与社会发展的关系

人类历史是从实践出发，人不断地运用自身的本质力量为自身的生存与发展创造环境条件，从而不断地丰富和完善自身的本质力量的过程。人与人类社会是劳动实践活动的产物，实践将人从自然界分化出来，并创造社会。人是社会的主体，社会无法脱离人而存在与发展，人又受制于自己所创造的社会历史条件，人的发展和社会发展互为前提和基础。社会环境对人具有先在的制约性，人对社会环境又具有能动的创造性，人的发展和社会发展相互制约、相互促进。人的发展和社会发展在实践的历史生成中达成统一，社会的本质和人的本质是一致的，这种一致的基础是实践。人的实践本质是社会发展的具体前提，实践作为人的本质的存在方式，只有从人的物质生产实践活动出发才能科学把握人类社会历史的发展。人类社会历史的发展内在于主体的历史活动过程中，人是社会的人，社会是人的社会，人与社会的发展具有内在统一性；人创造环境，环境也创造人。人通过实践活动来改变自己和社会的存在方式，变革旧世界并创造更好的生存方式，不断地超越现实追求理想的存在状态，创造更符合人类本质力量发展的生存环境，追求人与社会的发展和谐统一。人与社会发展的统一性在于人的发展上，人是社会发展的价值取向，社会发展的终极目标是促进人的自由全面发展。

第一节　主体选择性与客观制约性

人类社会历史的发展是主体选择与客观制约性的有机统一。在社会历史发展中，主体选择不是任意的，受历史条件的制约。这种制约性又留有一定的主体选择的可能性空间，社会生活中多种可能性选择空间的存在是主体得以进行选择的客观前提。主体的特殊需要、利益诉求以及价值取向是其选择的内在根据。人的实践活动的目的是实现对旧有条件的积极扬弃，从而创造条件满足主体不断产生的各种新的需要。主体选择无论是对于自身的发展，还是对社会发展、历史进步都具有至关重要的作用，只有不断地提升主体的认识与实践能力以及道德责任感才能有效地推动社会全面进步、人的自由全面发展。社会主体与社会客体之间的矛盾运动是主体不断地做出新的选择，通过实践活动改造现存世界，超越旧有的现实世界，将其选择的目标现实化，不断地创造符合自身需要的生存与发展环境，在不断地推动客体发展的同时，提升与完善自身的本质力量，不断地追求解放的过程。这是一个没有终点而无限发展的辩证运动过程。

一、主体选择性

（一）主体选择的表现

人们创造历史的活动是在一定的客观社会历史条件基础上，由不同个体的具体动机驱动之下所进行的自由选择。但这种自由选择不是绝对的，要受一定的社会历史条件的限制。一方面受主体自身体力与智力条件的限制。主体依据自身状况而做出在自己条件范围内的自由价值选择。例如，个人在社会生活中的职业选择，必然受个体所学专业、学历、性格、兴趣爱好、身体状况等条件的限制。马克思认为，"如果我们选择了力不胜任的职业，那么我们决不能把它做好，我们很快就会自愧无能，并对自己说，我们是无用的人，是不能完成自己使命的社会成员。由此产生的必然结果就是妄自菲薄"①。此外，主体自身的条件并不是一成不变的，而是具有可变性，随着主体自身状况发生变化便会带来主体对象性价值选择的动态性发展。正如当主体在自身的知识与能力方面得到提高之时会有更

① 中共中央马克思恩格斯列宁斯大林著作编译局．马克思恩格斯全集：第40卷［M］．北京：人民出版社，1982：5.

多的职业选择与社会生活选择的机会。

　　另一方面，客观的社会物质条件对主体的选择具有制约性。正如当个体主体在兴趣爱好、价值观念以及知识与体力大体相同的情况下，有一部分人做出的职业选择适合自身条件以及与自己的专业、兴趣爱好相当，而另一部分人虽然没有超越主体条件的极限，却选择了不符合自己专业、兴趣爱好的职业。这就是不以人的意志为转移的客观社会物质条件制约的结果。同样，主体选择意愿的满足取决于一定的现实社会物质条件。正如马克思所言："我们并不总是能够选择我们自认为适合的职业；我们在社会上的关系，还在我们有能力对它们起决定性影响以前就已经在某种程度上开始确立了。"① 因此，主体的自由选择不是绝对的，并不是纯粹的个体选择的结果，本质上是社会的选择，个人的选择受社会的选择所制约，个人的选择正是社会的选择。主体选择是客观社会物质条件与个体自身条件相互作用的必然结果，因而并不是任何主体选择的对象性活动都一定是符合历史发展的客观必然性。但是当个体选择的对象性活动成为促成一定历史事件的合力之因素时，这种选择为历史事件必然性的产生作出了自己的贡献。

　　主体对社会制度自觉性与能动性的价值选择。社会制度依据外延大小划分为三个层次：经济制度、政治制度、文化制度

---

　　① 中共中央马克思恩格斯列宁斯大林著作编译局. 马克思恩格斯全集：第40卷 [M]. 北京：人民出版社，1982：5.

等这类具体社会制度；学校规章制度、医务人员工作制度等这类具体工作岗位规则；社会形态。在这里主要探讨社会形态的主体选择。社会形态的主体选择体现在，社会形态转变时期主体对社会制度做出的自觉选择。在阶级社会中，主体主要是指阶级、阶层、集团或政党。社会形态的主体选择有两种形式：一种是新兴先进阶级与腐朽没落阶级在各自阶级利益、价值观念的驱动下对新旧社会制度做出选择，不同阶级主体选择必然不同，但最终历史选择的必然性结果是新制度的胜利与旧制度的灭亡；另一种主体选择是革命阶级通过比较选择社会制度类型来实现构建新制度的需求。不同类型的社会制度的比较选择，为主体提供了自由选择的可能性空间。正如在世界历史的范围内，比较落后的国家可以自觉选择更先进的社会制度。马克思、恩格斯指出："按照我们的观点，一切历史冲突都根源于生产力和交往形式之间的矛盾。此外，不一定非要等到这种矛盾在某一国家发展到极端尖锐的地步，这个国家内才发生冲突。由广泛的国际交往所引起的同工业比较发达的国家的竞争，就足以使工业比较不发达的国家内产生类似的矛盾（例如，英国工业的竞争使德国潜在的无产阶级显露出来了）。"①主体对于社会制度的比较选择虽然有一定的自由选择的可能性空间，但这最终取决于当下客观的社会物质条件，而不是随心

---

① 中共中央马克思恩格斯列宁斯大林著作编译局. 马克思恩格斯全集：第1卷 [M]. 北京：人民出版社，2012：196.

所欲、纯粹主观的自由选择。具体来说，这些社会物质条件包括两个方面：其一，要有一定的实现社会制度跨越的社会生产力基础，这是一条最基本的条件；其二，新的社会制度的选择，最终取决于社会历史的阶级主导力量。在阶级社会中新的社会制度代替旧的社会制度，是要借助于阶级斗争来实现的。社会革命的发生并取得胜利，必须具备一定的客观形势和主观条件。在客观的社会历史条件成熟的形势下，主体选择主要取决于代表先进生产力、主导社会历史的革命阶级的主观条件是否成熟。

（二）主体选择的评价标准

在社会生活中，社会历史条件大体相同的状况下，不同的主体对同一个事物具有不同的评价与认识，从而会有不同的选择，相应地形成不同的结果。主体选择结果具有正确合理性与错误不合理性之分。如何判断主体选择是否正确合理？主体选择的标准是实践标准与价值标准的统一，是主体尺度与客体尺度的统一，是历史发展的客观必然性与主体目的性的统一。

"实践是检验真理的唯一标准。"当实践结果基本符合主体选择的意愿时，主观认识便符合客观实际及其规律，是客观必然性与主体目的性的统一，这种情况就是主体选择的正确合理性的体现；反之便是错误不合理的主体选择。因此，实践成为主体选择是否科学的衡量标准。具体来说，主体能否做出正确选择，科学地揭示事物发展的可能性趋势至关重要，如果错误地将不可能性当作可能性，主体选择在实践活动中必然会失败，从而证明这是错误的、不合理的选择。此外，如果主体选择的目标在社会历史条件尚未成熟之时，在这种情况下人的实践活动必然导致失败，直到完成主体选择目标的客观社会历史必要条件成熟之时才能够将其实现。因此，当主体把将来可能会实现的事情拿到现在来实现，把目前无法实现的非现实可能性作为现实可能性，这必然无法实现其选择的目标，因而会在实践中屡遭挫败。主体选择还要在量上对可能性实现的概率进行科学分析，在多种可能性选择空间中，每一种选择的实现概率并不等同，因而主体选择是否正确合理，也与能否预测到可能性选择实现概率的量的大小有必然的关系。

主体选择的目标是否正确的判断原则还有价值标准。将实践结果与主体利益相结合，当实践结果有利于主体生存与发展之时，就是对主体有价值、合理的选择；当实践结果不利于主体生存与发展之时，就是错误、不合理的选择。实践标准与价值标准是有机统一的，实践标准作为基础与前提，而价值标准作为归宿与核心。主体认识世界与追求真理是为了进行改造世界的实践活动，达成主体自身的利益，满足主体各方面需求。主体有益的、合理的选择只有转化为现实才能够对人有益，如果无法通过实践转化为现实将无益于人。除此之外，当有害的可能性得以实现时便会为主体带来有害的影响。不同主体的利益诉求不同，同一事物对主体是有益还是有害的判断是不同的，因而不同的主体做出的价值选择就不同，主体选择的目标甚至是完全相反的。虽然如此，价值标准还是具有客观性的，主体选择的好坏最终通过是否符合社会进步和人的发展来判断。只有不断地推动社会与人的发展的主体选择才是符合人类社会历史发展规律的正确的、有益的、合理的选择。

主体选择的评价决不能简单化、机械化。主体选择的评价既有质上合理与不合理、正确与错误的不同，还有量上的程度差别。例如，眼前利益与长远利益、当代人与后代人的利益等问题。因此，主体在进行目标选择之时要遵循正确的价值原则，权衡利弊，分清主次，以科学的方式追求自己的需要。除此以外，因兴趣爱好的个体差异导致主体选择不同，从而职业选择以及社会生活方式的选择就不同。主体选择除了有质和量的规定性外，还有自觉程度的区别。主体选择有自觉与不自觉之分。随着人的认识与实践能力的提升，人的活动的自觉性会随历史的变化而发展，正如马克思所言，人类的历史是一个不断地由必然王国走向自由王国的过程。在这一意义上，人类历史是不断地实现从不自觉到自觉、比较自觉到更加自觉的发展。

总而言之，只有把握主体选择的评价标准才能使我们从多种可能性空间中揭示每一种可能性变成现实性的概率大小，同时科学地认识到每一种可能性选择对人与社会发展的影响，预想到主体选择目标指导下实践活动的结果，从而追求对主体最有利的选择，力争最好的结果。

（三）主体选择的依据

社会生活中多种可能性选择空间的存在是主体得以进行选择的客观前提。马克思主义的历史决定论在主观与客观、必然与偶然、统一性与多样性辩证统一的基础上理解社会历史。人的任何具体的实践活动都是在一定的社会历史条件的前提下展开，并且受历史条件的制约。与此同时，这种制约性又留有一定的可能性选择空间。社会历史发展的统一性是以具体发展道路的多样性为前提的，就像列宁所言："一切民族都将走向社会主义，这是不可避免的，但是一切民族的走法却不会完全一样，在民主的这种或那种形式上，在无产阶级专政的这种或那种形态上，在社会生活各方面的社会主义改造的速度上，每个民族都会有自己的特点。"① 社会发展的多种可能性选择中每一种可能性转变为现实的概率都不相同，而只有符合社会生产力发展要求以及社会绝大多数成员利益的可能性发展道路才是必然性的可能性。

主体的特殊需要、利益诉求以及价值取向是主体选择的内在根据。人的需要与利益是人的一切实践活动的动力和价值评价标准，这规定着主体选择的取向，是主体选择的内在因素。人的需要与利益既是主体选择的内在动力，又是主体选择的限

---

① 中共中央马克思恩格斯列宁斯大林著作编译局．列宁全集：第28卷［M］．北京：人民出版社，1990：163.

制因素。主客体以实践活动为中介进行双向运动，主体以需要、利益诉求和价值取向为依据进行实践活动，并结合客体的特殊属性与规律性来选择与制定行动方案，进而将其选择目标现实化。马克思指出："对自然界的独立规律的理论认识本身不过表现为狡猾，其目的是使自然界（不管是作为消费品，还是作为生产资料）服从于人的需要。"① "在现实世界中，个人有许多需要"②，"他们的需要即他们的本性"③，"作为确定的人，现实的人，你就有规定，就有使命，就有任务……这个任务是由于你的需要及其与现存世界的联系而产生的"④。

需要的满足依赖于人的社会实践活动。人的需要不是消极地依赖外部世界而单纯地从中摄取，而是激发人的主体能动性进行一系列创造性活动，需要是推动主体社会实践活动的最直接的驱动力。人的需要一方面受现实世界的规定，另一方面还对现实世界做出规定，从而不断地推动着人们进行物质活动与精神活动。马克思指出："你的需要只有通过你的活动来满足，

---

① 中共中央马克思恩格斯列宁斯大林著作编译局．马克思恩格斯全集：第46卷（上）［M］．北京：人民出版社，1979：393．

② 中共中央马克思恩格斯列宁斯大林著作编译局．马克思恩格斯全集：第3卷［M］．北京：人民出版社，1960：326．

③ 中共中央马克思恩格斯列宁斯大林著作编译局．马克思恩格斯全集：第3卷［M］．北京：人民出版社，1960：514．

④ 中共中央马克思恩格斯列宁斯大林著作编译局．马克思恩格斯全集：第3卷［M］．北京：人民出版社，1960：329．

而你在活动中也必须运用你的意识。"① 人的需要与动机是人实践活动的内在推动力，这是社会得以发展与进步的主观前提条件。人的利益诉求正是通过人的需要表现出来，主体需要与满足需要的对象是主客体关系的范畴。主体以自身需要为依据，通过发挥主体的本质力量进行劳动实践活动来改造客观世界，从而满足主体的自身发展需要。"人们奋斗所争取的一切，都同他们的利益有关。"② "'思想'一旦离开'利益'，就一定会使自己出丑。"③ 主体实践活动的一切动力源泉都是自身的利益诉求，需求的不断产生推动着人不断地进行实践活动，只有通过实践这一中介才能够将主体选择的目标转变为现实。人与人之间的相互作用、相互冲突，错综复杂的利益关系构成社会生活的复杂性，社会生产力是创造利益的物质手段，社会关系是人们之间的利益关系，而上层建筑是一定利益关系的表现。正如车尔尼雪夫斯基所言："一般地只须稍加留意那些表现为大公无私的行为和感情，我们便可看到，它们的基础依然是那种关于个人利益、个人快乐、个人福利的思想，即依然是

---

① 中共中央马克思恩格斯列宁斯大林著作编译局. 马克思恩格斯全集：第3卷 [M]. 北京：人民出版社，1960：328.

② 中共中央马克思恩格斯列宁斯大林著作编译局. 马克思恩格斯全集：第1卷 [M]. 北京：人民出版社，1956：82.

③ 中共中央马克思恩格斯列宁斯大林著作编译局. 马克思恩格斯全集：第2卷 [M]. 北京：人民出版社，1957：103.

称作利己主义的情感。"① 黑格尔更是深刻地指出："我们对历史最初的一瞥，便使我们深信人类的行动都发生于他们的需要、他们的热情、他们的兴趣、他们的个性和才能。当然，这类的需要、热情和兴趣，便是一切行动的唯一的源泉。"② 一方面，每个人的利益需求不同，甚至有可能相互对立，因而主体对可能性选择的价值评价不同，主体在多种可能性选择中会有不同的选择倾向，所以会产生不同的结果。特别是在私有制社会中，利益主体呈现多元化，利益诉求不同的主体之间必然会产生冲突与矛盾，从主体自身的利益需求出发选择可能性目标并进行社会实践活动。另一方面，社会历史具有多种可能性发展空间，因而对于不同利益需求的主体来说每种可能性选择或者同一种可能性选择的评价有好有坏，各不相同，这必然使主体产生选择的客观要求。例如，在新民主主义革命时期，毛泽东在《中国社会各阶级分析》中分析各个阶级的地位以及利益需求，判定各阶级可能采取的态度。社会生活发展具有多种可能性空间，从而使人的选择成为可能，人的利益与需要使人必须做出选择。

自觉能动性是主体选择的基础。马克思认为"人作为自然存在物，而且作为有生命的自然存在物，一方面具有自然力、

---

① 车尔尼雪夫斯基. 车尔尼雪夫斯基选集（下）[M]. 李谦，译. 北京：生活·读书·新知三联书店，1959：283.

② 黑格尔. 历史哲学 [M]. 王造时，译. 上海：上海书店出版社，1999：21.

生命力，是能动的自然存在物；这些力量作为天赋和才能、作为欲望存在于人身上。另一方面，人作为自然的、肉体的、感性的、对象性的存在物，同动植物一样，是受动的、受制约的和受限制的存在物，就是说，他的欲望的对象是作为不依赖于他的对象而存在于他之外的；但是，这些对象是他的需要的对象，是表现和确证他的本质力量所不可缺少的、重要的对象"①。人的"自然力、生命力"是人的本质与生俱来的天赋、才能和欲望，这都体现在人的自觉能动性上。人通过发挥自觉能动性改造客观对象世界来满足自身的生存与发展需求。人正是在改造客观世界的对象性活动中发挥本质力量，从而不断地提升与完善人的本质力量。人与社会的存在与发展都是劳动活动产物，通过劳动活动创造人类历史，"自然界没有制造出任何机器，没有制造出机车、铁路、电报、走锭精纺机等。它们都是人类劳动的产物，是变成了人类意志驾驭自然的器官或人类在自然界活动的器官的自然物质"②。主体在改造客观对象世界的过程中体现出人的自觉能动性，将主体选择现实化的过程正是满足人自身的生存与发展需求的过程。

"自由的自觉的活动"是人的"类特性"，人只有在自由自觉地劳动实践活动中才能发挥自己的全面本质力量，将人的

① 中共中央马克思恩格斯列宁斯大林著作编译局．马克思恩格斯文集：第 1 卷［M］．北京：人民出版社，2009：209.

② 中共中央马克思恩格斯列宁斯大林著作编译局．马克思恩格斯全集：第 46 卷（下）［M］．北京：人民出版社，1980：219.

本性复归于人本身。人正是在劳动实践活动中不断地发展自己的能动性、创造性，在不断地提升自己的本质力量的过程中建构自己的主体性。人的能动性体现：一是透过现象逐渐把握事物的本质联系与发展规律，"人的思想由现象到本质，由所谓初级本质到二级本质，不断深化，以至无穷"[①]；二是为主体实践活动提供可能性实现路径，设定目标、制定计划、预测结果，从而将主体选择转化为现实。正是在这一意义上，"人的意识不仅反映客观世界，并且创造客观世界"[②]。因此，主体选择与人的认识能力具有直接关系，认识是选择的前提，主体有什么样的认识就会做出什么样的选择。主体选择的范围应是在客体条件下的可能性空间界限内，如果主体没有对客观事物全面的、本质的认识就无法正确地发现主体选择的可能性空间，就不可能做出科学合理的选择，从而更无法引导实践的顺利展开。人的能力因素即人的认识与实践水平，这些因素是主体能否做出合理、正确、有益于自身选择的必要条件，同时也是由于主体选择受自身能力水平因素的限制，主体只能在自己能力范围内在多种可能性中进行判断与预测其选择对象的未来发展趋势。人的认识与实践能力是使主体选择目标转变为现实的手段。

---

① 中共中央马克思恩格斯列宁斯大林著作编译局. 列宁全集：第55卷 ［M］. 北京：人民出版社，1990：213.
② 中共中央马克思恩格斯列宁斯大林著作编译局. 列宁全集：第55卷 ［M］. 北京：人民出版社，2017：182.

（四）主体选择的作用

在人类社会历史发展进程中，主体选择作为社会发展进步的内在动力具有重要的作用。人类社会历史是由主体创造的，主体的存在与发展是人类社会历史得以存在与发展的前提条件。人类社会的历史是人的实践活动的历史，而人的一切实践活动的背后都是主体选择的结果，实践活动只是主体选择之下将主体目的转化为现实存在的中介与手段。因此，可以说人类社会历史与主体选择是同一的，没有主体选择，人类社会历史就不可能存在，更不可能有历史的发展与进步。

主体选择是人类社会历史发展的基本条件和根本动力。人正是作为历史主体以主体选择的方式发挥自觉能动性，从而进行创造历史的实践活动，不断地丰富历史的内容，推动历史的发展延续。此外，主体选择并不是一致的，不同的个体具有不同的意志和目的，进而导致主体选择各不相同，甚至相互矛盾、相互冲突，因而在人类历史的长河中呈现出千姿百态的内容。主体选择现实化过程中或许成功或许失败，所以会呈现出历史发展过程迂回曲折性与上升进步性相统一的状态。每一代人的选择构成了历史发展每个阶段中具体的现实的历史内容，而每代人每一个个体选择的综合形成了历史发展的总趋势，因而主体选择和人类社会历史发展具有紧密的关系，主体在历史发展过程中占据无可替代的重要地位。

主体选择的出发点是满足自己的需要和目的，这是主体进行实践活动的内在动力。人的一切行为活动都受主体选择的支配，有什么样的主体意志、需要、动机，就会有什么样的主体选择。在主体选择的引领下进行实践活动，目的是将主体选择转化为现实，最终满足主体自身的生存与发展需求。人类社会中所发生的全部内容如社会发展、历史进步、国家兴衰、个人的前途与命运不仅受社会历史发展规律的制约，还与主体选择具有直接的、紧密的关系，"能这样选择是人比其他生物远为优越的地方，但是这同时也是可能毁灭人的一生、破坏他的一切计划并使他陷入不幸的行为"①。主体选择并不是随心所欲的、任意的行为，而是受客观的历史必然性所制约，主体需要发挥自觉能动性来科学把握规律、利用规律，进而为人与社会的发展造福。主体要在既定的历史条件所能提供的可能性空间范围内，同时在承认并遵循社会历史发展规律的前提下，才能做出科学合理、符合历史规律的选择，进而通过正确的引导实践活动实现社会发展、历史进步、主体自由。"决定论思想确定人类行为的必然性，推翻所谓意志自由的荒唐的神话，但丝毫不消灭人的理性、人的良心以及人的行为的评价。恰恰相反，只有根据决定论的观点，才能做出严格正确的评价，而不致把一切都任意推到自由意志的身上。"② 马克思主义历史决

① 中共中央马克思恩格斯列宁斯大林著作编译局. 马克思恩格斯全集：第40卷 [M]. 北京：人民出版社，1982：3.
② 中共中央马克思恩格斯列宁斯大林著作编译局. 列宁选集：第1卷 [M]. 北京：人民出版社，1972：26.

定论承认主体的自觉能动性、人的活动的主体性、主体的选择性，主体选择具有一定的自由空间，主体可以在多种可能性区间内进行选择，但超出客观历史必然性的可能性空间范围，将会是迂回曲折的发展过程，只有具备明辨是非与善恶的能力以及富有道德责任感，才能有利于人类发展与解放。如果主体盲目地进行任意选择，违背历史规律，将会使主体的实践活动误入歧途，阻碍社会发展、历史进步以及个人发展。因此，主体选择无论是对于自身的发展，还是社会发展、历史进步都具有至关重要的作用，只有不断地提升主体的认识与实践能力以及道德责任感才能有效地推动社会全面进步、人的自由全面发展。

二、客观制约性

任何具体的实践活动都是在一定的社会历史条件下由特定的主体所进行的，主体不可能自由选择生产力、生产关系、文化传统等这些既定的客观历史条件。但是人的活动与社会发展规律的关系具有多样性与复杂性，事物多种发展可能性空间呈现出错综复杂的关系。主体选择从社会历史发展的可能性空间中选择将哪种可能性转变为现实，一方面要取决于客观社会历史必要条件的成熟，另一方面还要有一定的主观认识与实践能力。也就是说，现实的主客体条件是固有的、无法选择的，而客观条件中所具有的可能性发展空间以及主体的需求、计划、行为方式等是可以通过主体自身进行选择的。

　　在社会历史发展中，主体选择不是随心所欲、无所限制的，而是在一定的社会历史条件下所做出的。"先不说许多事情，例如方言土语、瘰疬病、痔疮、贫穷、独脚以及分工强加在他身上的研究哲理等，他是否'接受'这些东西，绝不取决于他……如果他要进行选择，他也总是必须在他的生活范围里面、在绝不由他的独自性所造成的一定的事物中间去进行选择。"① 因此，主体选择受多种因素制约，主体能动性的发挥受一定社会历史条件的限制。

　　主体选择受既定的客观社会历史条件制约。客观的社会历史条件是社会生产力及其所决定的生产关系和历史文化传统等因素。具体来说，社会生产力及其所决定的生产关系状况从根本上制约着主体选择。"人们每次都不是在他们关于人的理想所决定和容许的范围之内，而是在现有的生产力所决定和容许的范围之内取得自由的。"② 人类自己创造自己的历史，但这种创造并不是主体随心所欲地创造，也不是在主体任意选定的社会条件下进行创造，而是在从过去继承下来的既定的社会历史条件基础上进行创造活动。生产关系是由社会生产力水平所决定的，并不是主体能够自由选择的，同时这也不是主体能够

---

① 中共中央马克思恩格斯列宁斯大林著作编译局．马克思恩格斯全集：第3卷[M]．北京：人民出版社，1960：355．
② 中共中央马克思恩格斯列宁斯大林著作编译局．马克思恩格斯全集：第3卷[M]．北京：人民出版社，1960：507．

随意变革的。"人们不能自由地选择自己的生产力这是他们的全部历史的基础。"① 人不可能任意地创造社会生产力，社会生产力作为一种改造自然的物质力量是人们既得的以往活动的产物。人们的创造活动只能在继承以往生产力基础上进行，从而不断地推动生产力的发展，也就是说社会生产力在既定发展水平基础上不断地获得提升。此外，主体选择受历史文化传统的制约，恩格斯指出："我们自己创造着自己的历史，但是第一，我们是在十分确定的前提和条件下创造的。其中经济的前提和条件归根到底是决定性的。但是政治等的前提和条件，甚至那些萦回在人们头脑中的传统，也起着一定的作用，虽然不是决定性的作用。"② 一定的风俗习惯、信仰观念、思维方式、价值取向等形成一个民族的社会历史文化传统，这些转化为社会制度与意识形态，成为一种社会行为规范，从而影响与制约主体选择。

三、主体选择性和客观制约性的辩证关系

人的一切实践活动是人的需要与意志驱动的结果，也就是说主体的选择支配着人的行为活动，人的需要、目的、动机支配着人自身的选择，人有什么样的选择就会有什么样的活动，

---

① 中共中央马克思恩格斯列宁斯大林著作编译局. 马克思恩格斯选集：第 4 卷 [M]. 北京：人民出版社，1995：532.

② 中共中央马克思恩格斯列宁斯大林著作编译局. 马克思恩格斯选集：第 4 卷 [M]. 北京：人民出版社，1995：696.

人的活动与人的选择是同一的。主体选择体现了人的自觉能动性。在社会生活中，主体实践活动的背后都是主体选择的结果，也可以说人类历史发展进程中的全部内容都是以实践活动为中介将主体选择转化为现实的产物。社会历史发展规律就是人的活动的规律，是"人们自己的社会行动的规律"①，体现人的活动的本质的、必然的联系，是主体选择的总和，彰显着社会历史发展总体趋势。一方面，社会历史是生产力与生产关系相统一的物质生产方式的运动过程，人进行物质资料生产的实践活动不是随心所欲的，而是受一般规律支配；另一方面，人的实践活动创造社会历史，整个社会历史的发展过程是人的发展创造过程，社会历史的发展规律是人的实践活动的规律。人类社会历史的发展是客观必然性的制约与主体能动性的创造相统一的过程。

（一）主体选择与社会历史发展规律之间的关系

社会历史发展规律制约着主体选择，并规定主体的存在方式。社会历史发展是客观制约性与主体选择性的有机统一。主体的选择要遵循社会历史发展规律，主体不可能摆脱社会发展规律而独立地获得生存与发展。社会历史发展规律在将主体选择转化为现实的过程中发挥作用，这是不以人的意志为转移的客观必然性。如果违背社会发展规律，主体的实践活动将无法

---

① 中共中央马克思恩格斯列宁斯大林著作编译局．马克思恩格斯选集：第3卷
[M]．北京：人民出版社，1995：634.

顺利开展，并且不可能获得预想的结果，从而阻碍人与社会的发展进程。人的需要、目的、动机只有符合社会发展规律才能有效地将主体选择转化为现实，这意味着生产力和生产关系的矛盾运动的规律规定和制约着主体的选择活动。主体的实践活动只有遵循社会历史的发展规律，始终坚持生产关系适应生产力发展的需要，以生产力发展程度为基础建设生产关系，才能够解放与发展生产力，提升社会物质生活条件，从而推动人的发展与社会的发展。如果忽视社会生产力发展的需求，撇开社会发展规律，超越历史发展阶段而盲目地选择生产关系，这必然将导致主体活动的失败，并最终被更先进的生产关系所取代。

主体的选择是社会历史发展规律发挥作用的条件。虽然主体选择受社会历史发展规律的制约，但社会历史发展规律通过主体选择而表现出来。主体选择改变社会历史规律发生作用的前提条件，进而形成不同的历史结果，对人与社会的发展产生不同的影响。例如，领袖人物对社会生活具有极大的影响。1978年，中国人民选择了邓小平，从而使中华民族的历史命运发生了根本性的改变。这意味着主体选择可以在一定程度上改变社会历史条件，一些社会历史规律失效，又使另一些社会历史规律发生作用。也就是说通过主体选择可以改变或创造一定的历史条件，从而使一些社会历史规律被另一些社会历史规律所代替，从而达成主体选择的目的。由此可知，主体选择根本上受制于社会历史规律，但主体选择又能够改变与创造一定的社会历史条件，从而改变某一社会历史规律发生作用的方式或者激发其他社会历史规律发生作用，这直接导致主体选择的结果不同即形成不同的具体的历史内容。

社会历史规律和主体选择相互作用，二者在人的实践活动中达成统一。主体只有认识并遵循社会历史发展规律才能够实现主体自由与解放。主体创造历史，在这里主体活动具有相对独立性，主体的创造性活动具有一定自由空间，主体在进行选择的时候具有多种可能性空间。这种选择的自由空间并不是无边界的、任意的，而是在社会历史规律所界定的可能性选择空间范围内进行自由选择、自由活动。因此，主体自由的前提是要认识客观历史必然性。社会生活中，主体在进行选择前做出一定的计划、设定目标、预期结果，在这一过程中体现了主体对社会历史发展规律做出的不同程度的反映。主体只有在深刻而全面地认识到社会历史发展规律，在客观的历史必然性的基础上才能在更大程度上实现主体自由，从而做出科学合理的主体选择，通过正确的实践活动方式将主体选择现实化，最终达成主体目标。由此我们可知，当主体越是能够全面、深刻地把握社会历史发展规律就越能达到主体设定的预期结果。如果主体撇开客观的历史必然性，并违背社会发展规律，主体选择只是盲目的空想，无法将其目标转化为现实，更无法实现主体自由。

坚持主体选择和社会历史发展规律的辩证统一关系。社会历史发展规律揭示了人类社会历史的深层本质，是历史发展的总体趋势和必然方向，这是客观的历史必然性存在。社会历史发展规律指向人类社会历史的前进方向，能为主体选择提供判断的客观标准，是主体设定目标、制定计划、预测结果的可靠依据，降低主体选择的任意性与盲目性，避免发展的曲折性，使主体选择成功地转化为现实，并推进社会发展、历史进步，最终满足主体自身生存与发展需求，为全体人类谋福利。主体选择性和客观制约性的辩证统一关系中，客观的历史必然性前提下强调主体的自觉能动性，历史发展、社会兴衰、个人前途与命运都与主体选择直接相关。一方面，人是创造历史的主体即历史剧作者；另一方面，人又受历史条件以及历史规律制约，是历史发展的产物即历史剧中人。因此，在历史发展过程中要不断地激发主体自觉能动性、创造性、历史使命感与社会责任感，充分发挥主体选择的作用，以积极进取的精神不断地实现人的自由全面发展、社会的全面进步，推进人类文明的延续发展。社会历史发展规律是在人的实践活动中形成的，是人的实践活动规律，并存在于主体选择之中。而人的实践活动是主体选择的结果，是主体选择转化为现实的中介与手段。社会历史发展规律形成于主体选择之中，这说明主体选择与社会发展规律是同一的。虽然社会历史发展规律具有制约性，但主体选择具有相对独立性。主体要想将选择成功转化为现实、推动自己与社会的发展，首先要认识与把握社会历史发展规律，使规律为主体选择提供可靠的活动评价标准与依据，为主体的选择指明方向。因此，主体选择的可能性空间不能超出客观的历史必然性范围，必须要在承认客观规律、遵循客观规律的前提下做出科学合理的选择，从而成功地实现主体选择的现实化，推动人的自由全面发展以及社会的全面进步。

（二）主体价值选择的合理性与社会进步的必然性

客观的社会历史的发展进步与主体的价值追求活动本质上具有内在的一致性，是相互渗透、相互推进的同一过程。主体的价值活动体现的是主体积极地实现自我的活动，人类作为存在于社会中的主体对社会的发展方向与发展目标进行合目的性的认识与实践活动。而主体是否能够科学合理地做出价值选择对于社会发展进步至关重要，错误的、不合理的主体选择便会阻碍社会的发展。因此，主体的价值选择活动对主体自身生存与发展以及社会的发展进步具有重要作用。

1. 主体价值选择的合理性

价值选择是指在社会主体与社会客体的双向运动的过程中，主体基于自身的内在尺度，通过科学地认识客体的功能、属性并对主体可能产生的效应进行分析、比较，从而使主体从主客体矛盾运动中以最小代价获取最大价值。因此，人类历史的发展进步正是在主体的价值选择中实现的，主体选择的现实性转化过程中主体的本质力量不断地获得实现与完善，人类的主体性不断地获得解放。人类社会发展的历史正是在人类作为主体不断地做出价值选择中推进的，进而不断地创造人类文明，使人类社会不断上升前进。

人类的价值选择活动的主体性实现能动性与客观制约性的统一。人具有主观能动性，能够为自己的合理目标努力奋斗，不会被动地接受矛盾与不合理性因素并任其摆布，人作为社会的主体总是会通过自己的努力力图从自身生存与发展困境中挣脱出来，从而能够依据主体自身的内在尺度创造有利的社会环境条件，最终达成主体选择的理想目标。人的价值选择活动是人超越外在制约性而进行的有意识的自觉活动，是人类主体行为的能动性的重要表现。人类的一切实践活动，无论人类是否能够意识到，本质上都是一种价值选择的行为。但人的这种价值选择并不是纯粹主观的随心所欲的任意行为。人总是生存与发展于一定的社会环境之中，置身于一定的客观社会历史条件下，这必然导致主体的价值选择会受到客观社会历史条件的制约。

人类的价值选择活动的主体性体现出多样性与不确定性的统一。价值依据不同标准，可以作不同的划分。例如，从价值结构来看有政治价值、经济价值、文化价值、生态价值之分，从性质上来看有正确和错误的价值之分等等。不同的客体具有不同的功能和属性，这对于同一主体又具有不同的价值；同一客体的功能与属性具有多面性，对于同一主体来说，同一客体各种不同的功能与属性对其具有不同的价值。因此，价值具有多样性的特征必然决定价值选择也有多样性。生产力和科学技术不断发展推动着社会变革的不断深入，主体的认识与实践水平的提升促使其改造客体的能力不断发展，人们越来越能够科学地认识客观存在物，从而能够利用这些为人与社会的发展服务，这又进一步推动主体实践活动范围越来越广，使主体同更多的自在存在物发生价值关系。这一切处于动态变化发展中，因而价值与价值关系具有不确定性，在一定历史时期一定的历史条件下，价值选择具有不确定性与易变性。从总体上看，价值选择具有多样性，这种多样性统一于相对的不确定性之中。只有符合历史发展规律和合乎主体价值选择的目的性，才能够保证价值选择的合理性，也只有在认识到价值主客体的多样性与不确定性基础上才能做出正确合理的价值选择，从而推动社会发展进步。

2. 社会进步的必然性

社会进步是指人类理智对历史活动中由事实到价值、再由价值到事实的实在转化的肯定与确认。社会进步的内容是由社会生产力的发展所实现的人的本质力量的发展、新旧社会形态的更替、社会结构自身的日益精密和完善等构成的。社会进步是社会主体的实践活动的产物，而不是社会客体自发运动形成的，因而在考察社会进步问题时不能忽视社会进步内在运行机制中主体价值选择因素的作用。

主体的实践活动是超越现实的实有而追求一种理想的应

有，是一个生成的、未来的、开放式的存在，而不是一种现成的存在。正是这些主体活动的特点，才能够为社会进步创造可能性前提。而动物的活动只是对现实的实有做出的本能反应，动物的选择范围只是现有的东西，因而动物没有可能性的观念。不同于动物，人类总是依据自身的需求不断地追求自我价值的实现，一个需求的满足又会产生新的更多的需求，人总是不会满足于现实存在，人类的活动是一种超越现实、创造未来，不断地以达成自我理想状态为目标。人类不断地追求自身的发展进步，因而人类在本性上是一个追求价值的存在物。

主体选择是人们有目的的活动，这一价值活动只有达成现实性转化才能实现主体价值选择的目标。选择既是观念活动又是感性活动，因而实践活动的过程就是价值选择活动的过程，有价值选择才能有实践。正如马克思所揭示的，人在改造世界的实践活动中，不仅具有对象的尺度，还具有自身的尺度，以自身的生存与发展的利益为基本的衡量标准。人的实践活动的对象尺度与主体尺度代表着主体客体化与客体主体化两个方面，人类所要实现的目标实际上是在主体客体化，即主体在遵循自然规律、社会规律基础上能动地改造自然、创造对象世界，为自身的生存与发展提供环境条件；反过来主体所创造的客观条件又促进主体自身的发展而实现客体主体化。在社会生活中，当人们面对各种复杂状况时，需要权衡利弊得失，选择正确合理的行动方式。人类在历史过程中，为了能够更好地利用与改造自然，不断地发展科学技术、创造生产工具、提升劳动者素质等，解放与发展生产力。人类又随着生产力的不断发展而不断地建立适应生产力发展的社会生产方式及上层建筑。在唯物史观看来，推动人类社会发展的最终决定力量即生产力的发展也是人类主体选择的结果。社会发展的历史自然也就是人类价值选择的历史。

主体实践活动的价值优化选择必然实现社会发展进步。社会是一个开放系统，在社会发展的某一阶段会面临多种发展的现实可能性，社会历史条件并未提供某一可能性是否实现的绝对因素，某种可能性的实现是各种因素综合作用的结果，社会历史提供的条件越成熟就越能够为某种可能性提供更为充分的实现条件，从而越有利于某种可能性转化为现实。现实是某种可能性的已展开与实现，而可能是现实还尚未展开与实现。当下的现实并不是昨天某种可能性的实现，它是社会历史各因素综合作用的产物，也是先前某些可能性的部分实现。从道理上讲，凡是现存的都是有原因的，具体可能性转化为现实虽然是有条件的，但却未必是必然的。各个时代人们的社会实践活动创造了当前社会发展的各种可能的基础，人们所处的社会环境条件具有复杂性作用，主体做出某种可能性的价值选择的同时也暂时或永久地放弃了其他可能性的发展空间。然而，在现实的历史发展中人们自认为是择优的价值选择，但在社会实践活动中却证明并不是择优选择。社会在主体的价值选择中获得发展，主体价值选择成就了社会历史并使社会富有生机。主体的一切实践活动都是为了追求价值，并且在追求最优价值的过程中，总是在进行着价值优化的选择活动，这就是主体在价值选择中的择优过程。现实社会中孕育着未来发展的多种可能，主体在多种可能性发展的选择中进行择优化筛选，而后设定价值目标，依据主体的价值需求将社会发展由可能性转变为现实性，实现社会发展中可能与现实、偶然与必然的统一。

在社会历史发展过程中，随着人的实践活动持续进行，社会中会产生更高级的价值物，人的需要也会不断地发生变化并产生更高更多样化的需要，新的价值物取代旧的价值物成为人们普遍追求的价值目标。主体的价值选择与价值追求是社会不断发展进步的内在动力，因此，价值优化选择为社会生活增添新内容，是社会进步的核心。社会进步是主体在实践活动过程中不断地进行价值优化选择的结果，人们每一次价值选择正是不断地解决社会发展中出现的社会矛盾的一种尝试。人类社会历史的发展就是在可能性到现实性的运动中实现的，社会的进步正是体现在新的价值取代旧的价值的螺旋上升运动过程中。一个社会越是缺少价值优化选择，这个社会就越是稳定并且社会发展阶段越低。例如，中国的封建社会由于缺乏更新与变革的价值优化选择机制，在封闭、稳定的社会环境中延续了两千多年。中国改革开放之所以能推动中国社会的快速发展，从根本上说，就在于它给我们的体制中注入了价值优化选择的新的机制。

　　我们要深刻而全面地把握主体价值选择与社会进步之间的辩证关系，不仅要进行静态的分析，而且必须从社会历史发展演进的角度动态地进行全面立体的研究。价值选择的社会历史本质体现在价值选择运行轨迹的前进性与曲折性的统一。随着人类社会不断地动态发展，主体价值选择也不断发生变化。原始社会的人在很大程度上依赖并屈从于自然，人的价值选择基本上处于非理性和非自觉状态中。原始社会中的人必须在相互协作、共同劳动中才能够生存，从而致使主体的价值选择立足社会本位、集体本位，个体与社会、个体与集体的价值选择是一致的。人类进入文明时代，随着生产力的发展，社会分工与交换不断产生、扩大，人类文明的程度提高，人的主体性增强，主体的价值选择也进入更自觉的状态。但资本主义的生产资料私有制及整个社会生活中的异化关系导致人的本质丧失，人的价值选择的立足点也随之发生变化。奴隶社会和封建社会虽然价值选择的立足点是社会，但这种社会本位是一种假象，它只是代表少数统治阶级的特殊利益，是一种片面的价值要求，并没有反映人们普遍的价值愿望，实际上是统治阶级的个人本位。到了资本主义社会，确立了资本主义生产方式，人的个性不断凸显，彰显个体价值追求的合理性，突出个人利益，资产阶级通过牺牲社会大多数人的利益来追求个人利益的不断增值，这一时期人们的价值选择的立足点是个体本位。这种价值选择的转化在一定程度上有利于人类社会进步，但又给人类带来了一些负面影响。

人类价值选择立足点的发展是一个迂回曲折的过程，始终追求生产力发展、创造社会财富、推动科学技术文化的发展、提升人民物质生活水平，最终实现社会的发展进步。即便是在阶级社会中，统治阶级为满足自己维护统治的需要，必须在一定程度上适应人民发展生产和提升生活水平的价值选择。价值选择的运行轨迹是曲折性与前进性的统一，人类主体的价值选择遵从价值选择运行轨迹的要求与引导，不断地解决发展中的内在矛盾，从而在更高程度上推进人的发展与社会发展。

四、主体与客体相互创造的双向运动

关于社会主客体的相互关系，马克思曾指出："历史不是作为'源于精神的精神'消融在'自我意识'中而告终的……人对自然以及个人之间在历史上形成的关系，都遇到前一代传给后一代的大量生产力、资金和环境，尽管一方面这些生产力、资金和环境为新的一代所改变，但另一方面，它们也预先规定新的一代本身的生活条件，使它得到一定的发展和具有特殊的性质。由此可见，这种观点表明：人创造环境，同样，环境也创造人。"① 人是创造自身及其历史的剧作者，又是受历史环境条件制约的历史的剧中人。"有一种唯物主义学

---

① 中共中央马克思恩格斯列宁斯大林著作编译局. 马克思恩格斯文集：第1卷 [M]. 北京：人民出版社，2009：544—545.

说，认为人是环境和教育的产物，因而认为改变了的人是另一种环境和教育的产物——这种学说忘记了：环境正是由人来改变的，而教育者本人一定是受教育的。……环境的改变和人的活动的一致，只能被看作是并合理地理解为变革的实践。"①人的社会实践活动是产生社会主体与社会客体的根源，二者相互作用与相互创造的关系只有在实践活动过程中才能实现，人的实践活动是一切关系产生的前提与基础。

社会主体是基于既定的历史条件而能动地创造历史条件的现实的人，社会的存在与发展以人的存在及其创造性活动为前提。社会客体是社会主体的对象性活动的产物，即通过社会主体的实践活动而不断被创造的一切社会条件。社会条件反过来能为社会主体创造存在与发展的基本条件，成为社会主体的存在方式，同时又制约着社会主体。社会生活的各个领域都依赖于人的存在及其创造活动。社会是人的社会，人是社会的人，二者相互统一。

马克思主义历史唯物论将社会划分为生产力、生产关系、上层建筑。社会生产力是在人通过物质实践活动将自身的本质力量转化为改造自然、创造世界的物质力量的过程中形成并发展的。"为了在对自身生活有用的形式上占有自然物质，人使他身上的自然力——臂和腿、头和手运动起来。当他通过这种

---

① 中共中央马克思恩格斯列宁斯大林著作编译局.马克思恩格斯选集：第1卷 [M].北京：人民出版社，2012：138.

运动作用于他身外的自然并改变自然时，也就同时改变他自身的自然。他使自身的自然中沉睡着的潜力发挥出来，并且使这种力的活动受他自己的控制。"① 由此可知，社会生产力是在人的本质力量转化为物质力量中形成的，"在劳动过程中，劳动不断由动的形式转为存在形式，由运动形式转为物质形式"②。社会生产力正是人在物质实践活动中呈现的人的能力的现实的物化存在形式。在劳动实践活动基础上人与人之间进行物质交往活动，从而建立了经济关系，人与人之间相互依赖、相互合作，这一经济关系是社会一切关系形成的基础，即生产关系。生产关系建立在一定的社会生产力基础之上，什么样的生产力就具有什么样的生产关系，生产力决定生产关系，因而生产关系要适应不断变化发展着的生产力才能有利于人的发展和社会发展，进而推动历史向前发展。当建立起生产关系，在此基础上便会形成与其相适应的上层建筑和意识形态，从而有利于维护特定生产关系的发展。因此，社会主体不仅通过物质实践活动生产了亚麻、麻布等物质存在物，还生产出了适应物质生产力发展的人的生产关系，以及社会政治、法律、伦理道德、哲学等上层建筑和社会意识形态来维护社会发展。

推动人类社会历史发展进程的力量具有复杂性与矛盾性，

---

① 中共中央马克思恩格斯列宁斯大林著作编译局．马克思恩格斯全集：第23卷［M］．北京：人民出版社，1972：202.
② 中共中央马克思恩格斯列宁斯大林著作编译局．马克思恩格斯全集：第42卷［M］．北京：人民出版社，2016：181.

在社会发展的每个阶段都有多种可能性空间，社会发展的具体形式由一般规律与个别规律、特殊规律支配，而社会规律大部分是以历史运动的一定趋向表现出来。因此，社会主体需要认识与掌握规律，才能够做出正确、合理的选择。在主体选择过程中，要求主体自身能够利用一定阶段具体的现实历史过程的各种力量，从多种可能性与不同的趋向中区分出合理与不合理、正确与错误、对自身有益与有害的选择。主体选择的不同对于社会历史的发展过程具有巨大的影响。马克思认为，人类历史发展过程中客观必然性主要体现在，不以人的意志为转移的推动社会结构发展的物质力量以及生产关系为适应生产力发展而进行改造社会结构的活动这两个方面。因此，社会主体对特定社会进行现实改造不仅是生产力发展需要，也是反对旧有的生产关系的能动的自觉活动的结果。

人的需要是人进行社会历史创造性活动的内在动力，人们进行一切活动的目的是满足自身生存与发展的需要，而其中满足人的基本物质生活需要是首要的前提。正如马克思所认为的，人类历史的第一个前提是有生命的人的存在，人及其实践活动是人类历史的基础。人要维持自己的生存就要为自己创造衣食住行等基本的生活资料，为了满足这一基本物质生活需要就必须进行物质创造活动，这是人的第一个历史活动。人的需要是不断发展的，不断发展着的多种需要是人不断提升实践能力与创造能力的内在动力。"已经得到满足的第一个需要本身、满足需要的活动和已经获得的为满足需要用的工具又引起新的需要。"① 实践活动指向对自身有用并满足自身需要的对象，新的需要的产生又推动人们进行新的创造性实践活动，从而将需要转化为现实。任何需要都是一种对象性的需要，它是客观的不以人的意志为转移的，既受自身肉体组织的支配还受社会历史条件的制约。需要是人的自觉意志的一种反映，人们活动的目标起初只是以价值观念的形式存在于人的意识中，这种对象性目标并不是现实的具体的存在着的。正是人的价值目标的要求为主体实践活动提供了行动标准与内在动力，在社会生活中通过对象性创造活动将主体的价值目标转化为现实，从而达成满足自身需要的目的。而实现主体目的的过程必然要在一定的社会环境条件中进行并受其制约。

人的历史创造活动都是从人自身的需要与意愿出发。每个人所处的社会生活条件不同，所以人的需要与意愿都各不相同。在阶级社会中，不同阶级和个人的需要与利益诉求呈多元化，甚至是相互对立、相互冲突。人们的历史活动所创造的社会将向何处发展？恩格斯在历史发展"合力论"中认为，"历史是这样创造的：最终的结果总是从许多单个的意志的相互冲突中产生出来的，而其中每一个意志，又是由于许多特殊的生活条件，才成为它所成为的那样。这样就有无数互相交错的力

---

① 中共中央马克思恩格斯列宁斯大林著作编译局. 马克思恩格斯选集：第 1 卷 [M]. 北京：人民出版社，2012：159.

量，有无数个力的平行四边形，由此就产生出一个合力，即历史结果，而这个结果又可以看做一个作为整体的、不自觉地和不自主地起着作用的力量的产物。因为任何一个人的愿望都会受到任何另一个人的妨碍，而最后出现的结果就是谁都没有希望过的事物。所以到目前为止的历史总是像一种自然过程一样地进行，而且实质上也是服从于同一运动规律的。但是，各个人的意志——其中的每一个都希望得到他的体质和外部的、归根到底是经济的情况（或是他个人的，或是一般社会性的）使他向往的东西——虽然都达不到自己的愿望，而是融合为一个总的平均数，一个总的合力，然而从这一事实中决不应做出结论说，这些意志等于零。相反地，每个意志都对合力有所贡献，因而是包括在这个合力里面的"①。不同的单个意志中具有一定的共性因素，这一共性就是每一个体都有物质需求，从而形成的一定发展趋势即合力。这就意味着历史发展无论是在哪一阶段上，经济因素都处于根本的决定性地位，经济必然性是社会历史发展的主导因素。社会历史的发展虽然离不开作为个体的人的活动，个体在一定程度上创造了个体的历史，但并不是创造了整个人类历史，人类历史并不是个人历史的简单相加。整个社会历史是"行动着的群众"推进社会发展演进的过

---

① 中共中央马克思恩格斯列宁斯大林著作编译局. 马克思恩格斯选集：第4卷[M]. 北京：人民出版社，1995：697.

程，"历史活动是群众的事业"①，群众的实践活动决定了社会历史的发展，历史是人民群众选择的结果，而不是某些英雄人物选择的结果。因此，社会发展规律是人民群众的实践活动规律，社会发展规律通过人民群众的主体选择活动得以实现。单个人的力量并不能决定历史的发展趋势，人民群众的力量是历史的决定力量，代表着先进生产力的发展方向。人民群众是创造历史的主体，推进历史发展的进程正是人类社会遵循历史规律发展进步的过程。

社会客体是人的实践活动的产物，社会客体一经历史地形成便在一定意义上能够脱离人的活动本身而独立存在。反过来，在社会历史每一阶段发展过程中社会客体又成为人的一切实践活动的客观条件与前提，进而制约人的实践活动。这种客观的前提条件，既包括一定发展水平的生产力，也包括一定性质的社会关系。正如马克思、恩格斯所言："人们自己创造自己的历史，但他们并不是随心所欲地创造，并不是在他们自己选定的条件下创造，而是在直接碰到的、既定的、从过去承继下来的条件下创造。"②"历史的每一阶段都遇到有一定的物质结果、一定数量的生产力总和，人和自然以及人与人之间在历

---

① 中共中央马克思恩格斯列宁斯大林著作编译局．马克思恩格斯全集：第2卷[M]．北京：人民出版社，1957：104.
② 中共中央马克思恩格斯列宁斯大林著作编译局．马克思恩格斯选集：第1卷[M]．北京：人民出版社，1995：585.

史上形成的关系，都遇到有前一代传给后一代的大量生产力、资金和环境，尽管一方面这些生产力、资金和环境为新的一代所改变，但另一方面，它们也预先规定新的一代的生活条件，使它得到一定的发展和具有特殊的性质。"① 由此可知，每一代人所面对的社会历史条件是以往历史发展的结果，人只能在既定的历史条件下进行创造性活动，人们既不能"自由地选择自己的生产力"也不能"自由地选择某一社会形式"②。先前各代人的历史活动的产物作为既定的社会前提条件，在一定程度上限制着后代人的社会存在方式与社会实践活动方式。人是一定的社会环境的产物，社会历史发展的每一阶段特定的历史条件"是他们的活动和他们的物质生活条件，包括他们得到的现成的和由他们自己的活动所创造出来的物质生活条件"③。这意味着，一定的社会历史条件是人的存在及其实践活动的客观前提，人不可能在脱离客观的社会历史前提条件下任意地进行创造性活动。正是这些既定的社会历史条件规定了每一代人所能进行的历史活动的范围。因此，人的创造性活动只能是在先前各代人所提供的社会历史环境条件基础上发挥主体能动性推动历史发展；必须遵循社会历史客观规律才能在实践活动中

---

① 中共中央马克思恩格斯列宁斯大林著作编译局. 马克思恩格斯选集：第1卷 [M]. 北京：人民出版社，2012：172.

② 中共中央马克思恩格斯列宁斯大林著作编译局. 马克思恩格斯选集：第4卷 [M]. 北京：人民出版社，2012：408.

③ 中共中央马克思恩格斯列宁斯大林著作编译局. 马克思恩格斯选集：第1卷 [M]. 北京：人民出版社，1995：67.

实现主体选择目的。正如马克思所言："人，作为人类历史的经常前提，也是人类历史的经常的产物和结果，而人只有作为自己本身的产物和结果才成为前提。"① 人是社会环境的创造主体，反过来人的创造性活动受社会环境限制。例如，不可能设想在奴隶制条件下能够进行资产阶级革命的实践，并获得成功；也不可能设想在社会主义初级阶段取消商品经济和按劳分配对社会发生的影响。总而言之，既定的社会历史条件规定着一定历史阶段人的存在状态，人正是在既定的社会历史条件基础上不断地进行创造性活动推动社会发展、历史进步，从而为人自身的生存与发展创造更好的社会环境条件，不断地促进人自身的自由全面发展。

社会主客体关系研究的是人们的实践活动与活动产物的相互关系。客体作为社会主体活动的产物，既包括社会存在的主要组成部分即生产力和生产关系相统一的生产方式，还包括上层建筑和社会意识的各种形式。社会主体的能动的反作用体现在：一方面依赖并适应客体，另一方面还能够通过实践活动改造社会环境并创造新的更有利的社会条件，从而满足主体新的需求，社会物质条件的形成和发展是人的实践活动的产物。这种对旧的阻碍主体生存与发展的社会环境条件的改造活动不是随心所欲的，而是取决于先前各代人创造的社会历史条件中承

---

① 中共中央马克思恩格斯列宁斯大林著作编译局．马克思恩格斯全集：第26卷：第3册［M］．北京：人民出版社，1974：545．

继下来的既定的社会环境条件，在此基础上又取决于人的主观努力和人的实践活动。

我们通过对社会主体和社会客体的考察分析可以总结出：人与社会环境、社会主体与社会客体之间通过实践活动这一中介作用，发生主体客体化、客体主体化的相互创造、相互作用的双向矛盾运动。具体来说，主体客体化是以实践为中介将人自己的本质力量转化为现实的具体的客体的过程，这是客体被赋予主体性的过程。而客体主体化是在社会生活中人以实践活动为中介将对象的规定性转变为主体活动的规定性，将对象的静止特性转变为主体能动的特性，将对象的客观规律转变为主体的本质力量，这一转变是客体决定与制约主体的过程，也是主体得到进一步升华的过程。社会主客体相互转化的运动过程不是主体适应现有客观环境的过程，而是主体在立足现实社会历史条件基础上不断地进行创造历史的活动、不断地进行超越现实的过程。因此，主客体的矛盾运动不是机械重复循环的简单过程，而是一个螺旋上升的前进发展过程。人的实践活动的目的是实现对旧有条件的积极扬弃，从而创造条件满足主体不断产生的各种新的需要。因此，主客体转化的矛盾运动是主体不断做出新的选择，将主体选择的目标现实化，主体创造符合自身需要的客体，进而不断推动客体发展，提升主体性，最终实现主体解放的过程。人们通过实践活动改造现存世界，超越旧有的现实世界，将自己的意愿转化为现实。人类社会历史发展过程中上升的前进性突出地体现在，主体用革命手段推翻旧有的腐朽的社会经济、政治形式，摧毁一切阻碍社会生产力发展的生产关系，进而构建新的先进的生产关系以及上层建筑继续推动生产力发展，延续历史向前发展趋势，这都体现了主体的实践活动在社会历史上的创造作用。总而言之，社会主体与社会客体相互作用、相互创造的双向运动使人类不断创造自己生存与发展的环境，提升与完善主体的本质力量，是不断地实现主体性的过程。社会主客体矛盾运动是一个无限发展的辩证运动。

在人类社会历史的发展中，社会主客体的关系是一种互为因果、双向决定的关系。正如马克思所认为的人既是历史剧作者，又是历史剧中人。主体发展决定着客体发展，主体发展又受制于客体的发展。主体的实践活动创造着社会历史，没有主体便没有人类历史也不会有人类社会，人类的生存与发展环境的创造与改变不可能脱离主体而实现，社会环境条件的发展决定着客体的发展。主体改变社会环境的同时也改变了自身，因而客体的发展同样也决定着主体的发展。主体的发展及其发展所需的外部条件的形成过程是一致的，都是社会实践的过程。

第二节 人的发展与社会发展辩证统一

社会是在人的发展过程中所创造的，社会发展内在运行着人的发展，社会发展是人的发展的外在表现，人是社会存在物。因此，人的发展与社会发展具有内在一致性，但在历史发展的某一阶段人的发展与社会发展也会产生对立、冲突。人的发展与社会发展是相互作用、相互制约、相辅相成的辩证统一关系。整个社会是由作为社会主体的人与社会主体所创造的社会客体两部分构成，社会主体和社会客体通过实践活动相互依存、相互促进、相互制约，从而共同推动人与社会的发展。从根本上说，人的发展是目标，社会发展是手段。一切社会实践活动都是以促进人的发展为核心，社会发展的目的是人的发展，以人的发展程度作为衡量社会发展的尺度。

一、人的发展和社会发展相互渗透、相互包含

人和社会的关系通过人与社会的内外相互关照中展现，社会是人的外在表现，人是生活在一定社会结构中的社会存在物。人通过感性的实践活动对自然界进行能动的改造，人能动的改造外部自然的同时也是在改造人自身的自然。个体的人的自然力量是弱小的，因而只有同他人形成一定的社会关系才能

将个体自身的自然力量发挥出来，使人实现对外部自然的能动改造。人能动的改造自然的生产能力是人的发展的内在方面，而人在改造外部自然的过程中形成的社会关系是人的发展的外在表现。社会是人的能力得以发挥的条件与手段，人无法离开社会而发挥自身的能力并获得发展。从根本上来说，一切发展的目的是满足人的生存与发展的需要、提高人的全面能力，人的现实需要和能力决定了一定的社会关系的生成与发展。当一定的社会关系不能适应人的生存与发展需要，人就会发挥主体能动性对社会关系进行改造。人通过变革社会生产方式和社会结构来形成新的人的社会结合方式，为人的生存与发展创造新的社会环境条件。这又必然使人产生新的需要，在人的能力、社会身份地位以及观念有深刻变化的状态下促使人的主体性得到进一步提升。

人是一定社会关系的承担者，又是由一定的社会环境所决定并能动地改造社会环境。个人通过社会交往活动将社会历史文化成果以及他人的力量转化为自身内在力量，这构成人自身的本质力量并形成人的社会性的需要与能力。人的本质力量只能在既定的社会环境条件的可能性空间中得以发挥与发展，在此基础上实现对社会环境条件和人自身的改造。因此，人的本质在其现实性上是一切社会关系的总和。人作为社会存在物，每一个个体都生存与发展于一定的社会关系之中，并与他人相联系，这是人的普遍的、共同的活动层面。社会正是一切人进行活动的结构与组织，同时人的具体的实践活动构成整个社会的全部内容，社会存在离不开个人实践活动。社会性质与发展水平受人的现实需要以及能力状况的直接影响。因此，个人是社会的存在物，社会是个人活动的联合体，个人和社会相互渗透、相互包含。

在考察个人与社会的关系时，我们不应将个人与社会对立起来。人与社会是不能够相互分离而各自独立的抽象存在。社会是人的实践活动的产物，离开人及其实践活动之上形成的社会关系就一定不可能产生社会。人作为有生命的、肉体组织的感性存在物，总是表现为单个的存在的个人，每一个个体在生理和心理上以及在经验的积累、知识的掌握、能力的发展上都各有特点，因而人的能动性的发挥也各不相同，这些综合起来表现出每一个个体主体的个性。在个体活动中进行的社会交往作用下发生一定的社会关系，从而使个体作为类存在物，正是人在活动的交互作用中发生的社会关系的总和成为社会。

二、人的发展和社会发展相互制约、相互促进

人的发展和社会发展是相对独立、相互并列的两个方面，是互为前提和基础的关系。从总体上看，人的发展与社会发展二者的本质联系是相互促进和制约的关系，人的发展必须借助于社会发展来实现，社会的长远发展也依靠多数人的发展才能实现。因此，社会发展与人的发展是一致的。

（一）人的发展和社会发展互为前提和基础

人的发展与社会发展是相互决定的。人的发展和社会发展是相对独立、相互并列的两个方面，是互为前提和基础的关系。社会发展为人的发展提供物质与精神的前提条件。社会发展决定了人的发展经历不同的历史阶段和具有各阶段不同的特征。从人类历史发展过程来看，人的发展随着社会形态的依次更替经历了原始完整的人—片面独立的人—自由全面的人这三个不同的发展阶段。人是社会的人，社会又是属于人的社会，人自身的发展不仅是推动社会发展前进的内在驱动力，而且是衡量社会进步的价值尺度。因此，从根本上来说，人的发展就是社会的发展，反过来社会的发展就是人自身的发展，这是一个双向的、同步的、统一的运动发展过程，人的发展与社会的发展是一致的。人与社会的发展正是基于人的实践活动，只有在人的实践活动中才能实现社会环境条件的改造，而在这一过程中二者统一的基础在于人的社会实践活动。人在社会实践活动中改造社会环境条件，与之同时实现了人的自我改造。

人和社会之间是相互决定、相互促进的关系，任何一方要想获得发展必须以对方的发展为前提，不能够离开对方的发展而获得自身单方面的发展。从整个人类历史发展过程来看，人与社会之间互为目的和手段的关系尚未真正实现过。在前资本主义社会以及资本主义社会中，社会发展往往以牺牲人的发展而实现，以牺牲社会绝大部分人的利益来满足少数统治阶级利益，人与社会发展相对立，人的发展仅仅是作为社会发展的一种手段与工具，社会发展成为一切活动的唯一目的。只有在马克思所设想的未来的共产主义社会中，人与社会才能实现和谐发展，人的发展是社会发展的手段，同时也是社会发展的目的。从根本上来说，人的发展与社会发展的统一性正是体现在人的发展上，人的发展是一切活动的根本目的。

　　虽然人的发展与社会发展具有内在一致性，但是在社会历史发展的某一阶段会出现人的发展与社会发展相对立的状况。马克思的唯物史观认为人的发展与社会发展具有一致性，社会发展既是人的发展也是为人的发展，社会得以发展进步归根结底是人追求自身自由全面发展的结果。人的存在及其实践活动是社会得以产生与发展的基础和前提条件，而人的生存与发展需要一定的物质与精神条件，人的需求是人进行创造性实践活动的内在驱动力，也是导致社会产生并发展的直接决定因素。由此可见，社会无法离开人而存在，离开人的存在与发展社会便无从存在与发展，人是社会赖以存在与发展的决定性因素，社会的不断发展反过来又不断地推动人的个性发展，而人的个性在更高程度的发展促使社会不断地全面进步，人在满足不断产生的需要的过程中发展了自己，同时也推动了社会发展。因此，人的发展是社会发展的前提，人自身的发展程度既是衡量社会进步的尺度，又是推动社会前进的内在动力。这是一个人与社会相互作用的双向螺旋上升运动的过程，人与社会互为目的与手段，人的发展与社会发展的统一性最终体现在人的发展上。

在一定的历史发展阶段，由于受社会生产力发展水平的限制，人的发展与社会发展出现对立局面，二者产生冲突与矛盾。这具体表现在，社会发展以牺牲人的发展作为代价，这是历史发展到一定阶段的必然现象，也是人的发展与社会发展所必经的历程，在人类历史发展到资本主义社会时期人与社会的发展状况集中体现了这一点。在资本主义社会，社会生产力发展到分工阶段极大地推动了人类文明的进步，社会生产力发展迅猛、科学文化繁荣发展、社会交往发达，这一切发展成果都以牺牲个体完整性为代价，以最大程度压榨劳动者的方式实现了资本主义社会的发展。当社会物质条件还不充分的时候，无法达成人与社会和谐发展的状态，总是要以牺牲个体的利益为代价推动社会发展。而只有历史发展到具备成熟的物质条件之时，才能消除人与社会对立、冲突的状态，实现人的发展与社会发展相统一。因此，以牺牲个人的历史过程为代价而实现的人的个性的比较高度的发展，这是特定历史发展阶段社会大多数成员所必须面对的悲剧，是历史发展的必然性。人类社会总体发展的全面性正是通过人的发展的片面性来获取的，从而为进入更高级的社会形态创造条件，最终实现每一个个体的全面发展。人类历史发展过程中由原始的全面性到近代的片面性，再到未来社会的新的全面性，这是一个螺旋式上升的历史发展的必然趋势。因此，历史发展到一定阶段以个体全面性的丧失来达到社会的全面进步，这种社会发展的优先性反过来能够为社会大多数成员的每一个个体的自由全面发展创造环境条件，从而达到人与社会和谐发展的局面。

人与人、不同群体之间的个性差异以及利益矛盾产生不和谐因素而引起冲突，这必然会阻碍人的发展和社会的发展。人是由生理和心理共同组成的身心合一生命体，具有一定的自足性和自立性。随着商品经济和社会分工的发展，人的主体能动性愈加突显出来，在活动中发挥个体的自主性与创造性来推动社会发展，从而形成鲜明的个性。如果社会结构与形态不合理，不合理的社会和政府以腐朽的专制制度以及暴力方式统治社会，就会形成人与社会的对立局面，甚至以革命的方式进行社会变革活动。此外，当社会资源匮乏而不足以满足所有社会成员的需要，不管社会文明是否发达，社会秩序是否遵循正义原则，人与人之间必然会产生利益冲突。在人类社会中存在人与社会之间的对立关系，这具体表现在社会在某种程度上对个人的压制，对个人权利的剥夺，对个人自由的限制，损害个人的正当利益，从而阻碍个人本质能力的实现，使人的发展受到阻碍。

总的来说，人的发展与社会发展是互为前提和基础的历史过程。一定的社会物质文明和精神文明的发展作为人的发展的前提和基础，人有多少自由时间决定了人的发展的全面性程度，即当一个社会具有越发达的物质文明，人为谋生而花费的必要劳动时间越少，从而使人能够有更多自由时间全面发展自己。因此，社会发展水平越高，人的发展的空间就越广阔。反过来，人的全面发展也是社会物质文明和精神文明发展的前提和基础。没有人的认识与实践能力的发展就无法发挥主观能动性推进社会的发展，只有人不断地获得全面的本质力量才能创造更高的社会物质文明与精神文明。此外，还需要人具有更强的道德素质才能将社会发展的文明成果利用在人与社会的发展上，而不是将人与社会处于对立的局面，阻碍人与社会发展，最终损害人类自身的利益。人作为历史主体创造着社会环境条件，而社会环境条件也不断地创造着新人，这是一个不断重复螺旋上升的历史发展过程。

（二）社会环境对人的先在制约性与人对社会环境能动的创造性

1. 社会环境对人的先在制约性

社会发展具体体现在社会整体形态上政治、经济、文化等方面的演变和进步，社会内部结构不断趋向合理化，社会发展的主体即历史的、具体的人不断完善，人类历史发展的不同时期人不断地追求自己的理想状态。社会发展是人通过交往活动所构建的社会存在，反过来又会成为制约和决定人的发展的先在条件，这种制约与决定关系并不会直接影响人的发展的存在形态，要想由社会发展转化为人的发展，必须经过一定的中介环节的转化过程。社会整体的发展为人的发展创造环境条件，为人的发展开辟道路，提供可能性选择空间。具体来看，社会环境对人的存在和人的活动具有先在制约性，这种先在制约性主要表现在以下几个方面。

首先，社会物质生产力状况是人的存在无法选择的绝对前提。社会生产力是人的发展的物质基础，这一要素在很大程度上决定着主体选择的可能性空间。社会发展根本上是由生产力来推动的，经济发展水平起着最基本的决定作用。正如马克思所言："历史的每一阶段都遇到一定的物质结果，一定的生产力总和，人对自然以及个人之间历史地形成的关系，都遇到前一代传给后一代的大量生产力、资金和环境，它们也预先规定新的一代本身的生活条件，使它得到一定的发展和具有特殊的性质。"[1] 在这里，"每个个人和每一代当作现成的东西承受下来的生产力、资金和社会交往形式的总和"[2] 作为客观的先在前提条件制约着人的存在与发展。"人们不能自由选择自己的生产力——这是他们的全部历史的基础，因为任何生产力都是一种既得的力量，是以往的活动的产物。"[3] 人作为历史主体，根据自身的价值目标对外在自然界进行改造活动，从而为人所

---

[1]　中共中央马克思恩格斯列宁斯大林著作编译局. 马克思恩格斯选集：第1卷 [M]. 北京：人民出版社，1995：92.

[2]　中共中央马克思恩格斯列宁斯大林著作编译局. 马克思恩格斯全集：第3卷 [M]. 北京：人民出版社，1960：43.

[3]　中共中央马克思恩格斯列宁斯大林著作编译局. 马克思恩格斯选集：第4卷 [M]. 北京：人民出版社，1995：532.

用。这使人的主体性在自然界中得到一定程度的解放，人在自然关系中获得一定的自由。只是"人们每次都不是在他们关于人的理想所决定和所容许的范围之内，而是在现有的生产力所决定和所容许的范围之内取得自由的"①。由此可知，社会生产力的发展水平是人的发展程度的直接制约因素，个人"是什么样的，这同他们的生产是一致的——和他们生产什么一致，又和他们怎样生产一致。因而，个人是什么样的，这取决于他们进行生产的物质条件"②。

马克思指出，社会生产力的发展以及社会交往的普遍性造就"个人全面发展的可能性"③。社会生产力是社会发展与人的发展的物质基础，作为"绝对必需的实际前提"和"一切历史的一种基本条件"，对人的生存与发展起着决定性作用。在人类社会发展的历史进程中，不同的历史阶段生产力发展程度不同。在人类社会初期，生产力水平低下，直接导致人对自然界的改造能力有限，从而使人类的生存与发展处于野蛮与蒙昧的低层次状态。当社会生产力发展到机器大工业阶段，标志着社会生产和科学技术得到空前发展，这为推进人的发展提供了必要前提条件。社会生产力发展水平越高所创造的社会物质

---

① 中共中央马克思恩格斯列宁斯大林著作编译局. 马克思恩格斯全集：第3卷 [M]. 北京：人民出版社，1960：507.

② 中共中央马克思恩格斯列宁斯大林著作编译局. 马克思恩格斯选集：第1卷 [M]. 北京：人民出版社，1995：68.

③ 中共中央马克思恩格斯列宁斯大林著作编译局. 马克思恩格斯全集：第46卷（下）[M]. 北京：人民出版社，1980：36.

生活资料就越丰富，社会物质力量的发展为人的发展创造更多的可能性空间，使人能够满足基本生活需要，在此基础上除了必要劳动时间之外有更多的闲暇时间追求自由个性。"个性得到自由发展，因此，并不是为了获得剩余劳动而缩减必要劳动时间，而是直接把社会必要劳动缩减到最低限度，那时，与此相适应，由于给所有的人腾出了时间和创造了手段，个人会在艺术、科学等方面得到发展。"① 因此，人的发展归根结底是由社会生产力决定的，生产力的不断发展不仅改善人的物质生活水平，而且推动社会交往的发展、产生新的需要、形成新的观念、大大缩短劳动时间，这些都为人的自由个性的形成创造了前提和基础。只有生产力高度发达，社会财富实现充分涌流，生产资料的社会占有，实现各取所需、劳动成为生活的第一需要，才能真正实现人的自由全面发展。由以上分析可见，从根本上来看，社会生产力的发展为人的发展提供必要的物质前提和基础。

其次，社会关系对人的存在与发展具有决定作用。社会是人的存在方式，动植物是从自然界直接获取生存资料并且被动地受自然环境的摆布，而人则不同，人通过认识与利用自然规律，然后依据人自身的需求，通过发挥主观能动性进行生产劳动来改造自然，从而创造有利于人的生存与发展的环境条件并

① 中共中央马克思恩格斯列宁斯大林著作编译局. 马克思恩格斯全集：第 46
卷（下）［M］. 北京：人民出版社，1980：218—219.

从中获取物质生活资料以满足人自身的需要。因此，"整个所谓世界历史不外是人通过人的劳动而诞生的过程，是自然界对人来说的生成过程"①。人通过改造自然界的生产活动而形成两方面的关系，"一方面是自然关系，另一方面是社会关系"②。社会正是由人的实践活动及其基础上形成的社会关系构成，"只有在社会中，人的自然的存在对他说来才是他的人的存在"，"只有在社会中，自然界才是人自己的人的存在的基础"③。马克思进行了具体分析："历史不外是各个世代的依次交替。每一代都利用以前各代遗留下来的材料、资金和生产力；由于这个缘故，每一代一方面在完全改变了的环境下继续从事所继承的活动，另一方面又通过完全改变了的活动来变更旧的环境。"④ 每一代人都受既定社会环境的制约，在前人创造的客观的社会条件基础上再进行改造社会环境的活动。

社会是人的存在与发展的基础，人的本质力量只有在社会中才能得到展现与丰富，实现人自身的主体价值。"人们自己创造自己的历史，但是他们并不是随心所欲地创造，并不是在他们自己选定的条件下创造，而是在直接碰到的、既定的、从

---

① 中共中央马克思恩格斯列宁斯大林著作编译局．马克思恩格斯全集：第42卷［M］．北京：人民出版社，1979：131.
② 中共中央马克思恩格斯列宁斯大林著作编译局．马克思恩格斯选集：第1卷［M］．北京：人民出版社，1995：80.
③ 中共中央马克思恩格斯列宁斯大林著作编译局．马克思恩格斯全集：第42卷［M］．北京：人民出版社，1979：122.
④ 中共中央马克思恩格斯列宁斯大林著作编译局．马克思恩格斯选集：第1卷［M］．北京：人民出版社，1995：88.

过去承继下来的条件下创造。"① 人的实践活动正是在一定的社会环境背景下展开。一定的社会政治、经济、文化等环境条件决定着人的价值观念的形成，从而决定人的一切活动的动机，最终决定人的发展程度。人所进行的改造自然的生产活动表现了人与自然的关系，人不能以单独的力量面对生产活动，必须以联合的社会力量进行生产活动，在此基础上形成了社会交往活动，从而产生生产关系，生产关系反过来又成为制约人的生产活动的因素。

最后，异化的社会环境使人与人、人与社会的关系相对立，使人的生存与发展受制于社会异化关系中。马克思认为，人的受动性不仅表现为人作为肉体存在物，作为自然界的一部分，他的存在受到自然必然性的根本制约，而且表现为人在异化状态下所特别具有的受动性。"社会活动的这种固定化（即分工的出现使每个人都被强迫纳入某一特殊活动领域，从而具有从属性和片面性——引者注），我们本身的产物聚合为一种统治我们、不受我们控制、使我们的愿望不能实现并使我们的打算落空的物质力量，这是迄今为止历史发展的主要因素之一。"② 这体现了人的发展与社会发展相对立的关系，人受制

---

① 中共中央马克思恩格斯列宁斯大林著作编译局．马克思恩格斯选集：第1卷 [M]．北京：人民出版社，1995：585．
② 中共中央马克思恩格斯列宁斯大林著作编译局．马克思恩格斯选集：第1卷 [M]．北京：人民出版社，1995：85．

于社会环境。但从人类历史发展过程来看，异化关系的产生和扬弃过程是历史发展的一个阶段性环节。社会对人的作用主要表现为个人对社会的依赖、社会为个人创造生存和发展的环境等。人从一个新生儿成长为一个能适应社会的现实的人，这一过程必须经历人的社会化。这是个体与社会互动的过程，在这一过程中人从生物的人转变为社会的人，人通过社会文化的内化以及参与社会活动、建立社会关系而逐渐适应社会生活。组成社会的人是认同一定的社会文化并遵循一定的社会规范的社会活动参与者。人通过后天学习获得社会文化，认同社会文化并将其内化，从而按照社会规范进行活动，适应社会生活，参与和创造社会生活。社会正是通过为人的社会化提供必要的环境条件，从而推动人的主体性发展，强化了个体的自我意识，并形成人的个性。人在社会生活中所生成的各种需要，仅凭借个人无法得到满足，这就需要具备一定的社会环境条件，通过人与社会的和谐互动达成人自身的目的。

2. 人对社会环境能动的创造性

人对社会环境具有能动的创造性，人通过社会实践活动不断地变革、重建、优化社会环境，进而不断地推动历史发展。具体主要体现在：

第一，提升社会生产力发展水平，改善社会物质条件。社会生产力的发展从根本上促进了人类历史的发展进步，进而为人的生存与发展的社会环境的优化创造基本前提。在一定意义上，人类历史发展进程就是社会生产力不断发展的历史，生产力的性质和水平从根本上决定了人们的生产方式、生活方式以及思维方式。进一步来看，生产力作为社会的有机构成部分，是社会环境的内在要素，塑造着社会环境，对社会发展程度起着决定性与根本性的作用，生产力水平的提升是社会环境得以优化的前提条件。因此，人通过不断地提升认识能力与实践能力，完善人的本质力量，激发与培养人的自觉能动性，从而能够在更高的水平上进行改造世界的创造性活动。在这一过程中，人的本质力量不断地获得全面的提升，进而促进生产力发展，创造更富裕的物质条件。

第二，推进社会变革，创建新的社会制度与社会交往方式。社会形态的演变以及社会制度的新旧转换都是人积极参与历史活动的结果，尤其是在社会革命中，在某种程度上每一个革命阶级都对推动社会历史和构建社会环境条件具有主动自觉的把握。虽然人类社会是一个"自然历史过程"，但人类历史的具体发展过程需要作为社会主体的人的自觉活动来不断向前推进。人类史不同于自然史，人类在推动历史发展进程中具有自觉能动性，通过实践活动，将自然界与社会环境改造成更有利于人的生存与发展模式，最终目的是实现人的自由全面发展。

第三，人与人之间的社会交往关系促进生产力的继承与延续，推动社会的发展进步。人们通过社会交往活动学习和利用前人以及他人所创造的优秀文明成果，通过互补整合的方式对已有的社会现实基础进行超越，创造出更先进的社会文明，为人的生存与发展营造更好的社会环境。正如马克思所言，"某一个地方创造出来的生产力，特别是发明，在往后的发展中是否会失传，取决于交往扩展的情况"①。随着生产力的发展，打破了以往人类生存的地域限制以及文化封闭性，创造出更高水平的新的社会环境，为进一步不断推进人的发展提供更先进的历史前提。

人的存在与活动是社会得以产生与发展的直接动因。一切社会事件、社会现象以及社会过程都是人的活动所创造的，人的一切行为活动都是由人的内在需要推动的，人的需要是推动社会产生与发展的根本动力。正是人们不断形成的新的需要及其内容的多样性与丰富性决定了社会发展内容的无限丰富性，人正是通过实践活动创造社会发展的丰富性来满足人自身的多种多样需求。因此，人的存在和人的需要以及人为了满足需要而进行的实践活动推动着人类社会的发展。

三、人的发展和社会发展在历史生成中相统一

人的活动创造了人类社会历史，人的生存与发展的需要的不断生成是人类历史不断发展的内在动力。马克思曾指出：

---

①　中共中央马克思恩格斯列宁斯大林著作编译局. 马克思恩格斯全集：第 3 卷 [M]. 北京：人民出版社，1960：61.

"只要你们把人当成他们本身历史的剧中人物和剧作者，你们就迂回曲折地回到了真正的出发点。"① 人的发展方式决定了社会的发展，只要有人的存在就会有生存与发展的需求，人类社会的发展是人通过劳动实践活动生成的过程，因此，这是一个没有终结的不断生成的过程。人和社会是一个不断生成的过程，只有在生成中，人类历史才得以发展和延续。人的发展与社会发展具有内在统一关系，二者在双向运动中实现不断螺旋上升的发展，在这一生成性关系中表现为人的发展与社会发展互为前提与基础，如果人与社会发展的内在统一性关系被割裂，就会使其发生对立与冲突，从而阻碍人类历史向前发展的步伐。

（一）人与社会发展的统一以实践为基础

社会是由人及其活动产生的有机整体，人与社会二者互相依赖、互为前提。人的活动与社会形态演进、社会结构及其发展变化是相统一的。社会生产力是人的自主活动的能力，社会生产关系是人在生产活动中不断生产和再生产出来的社会关系，而社会的政治制度、意识形态等也都是人活动的产物。马克思认为："以一定的方式进行生产活动的一定的个人，发生一定的社会关系和政治关系。经验的观察在任何情况下都应当根据经验来揭示社会结构和政治结构同生产的联系，而不应当

---

① 中共中央马克思恩格斯列宁斯大林著作编译局. 马克思恩格斯全集：第 4 卷 [M]. 北京：人民出版社，1958：149.

带有任何神秘和思辨的色彩。社会结构和国家总是从一定的个人的生活过程中产生的。"① 这就是说，人类社会的生产力、生产关系、政治制度、社会意识以及它们之间的相互关系，都不仅是人类活动的条件，而且是人类活动的产物。

社会的本质和人的本质是一致的，这种一致的基础是实践。社会生活在本质上是实践的，只有在一切社会关系的总和中，在广泛的社会联系中，才能探寻到人的本质，而这种社会联系或社会关系是在实践中建立起来的。人的本质是自由自觉的活动，而这种自由自觉的活动，首先就是生产实践活动。正如马克思所言：环境的改变和人的活动的一致，只能被看作并合理地理解为革命的实践。这里的"环境的改变"包括自然环境的改变和社会环境的改变，这种改变是和人的活动相一致的，亦即由人的实践活动引起的，而人在改变环境的同时，也改变自身的本质。

人的实践本质是社会发展的具体前提，马克思曾指出："人是全部人类活动或全部关系的本质、基础……历史什么事情也没有做，它'并不拥有任何无穷尽的丰富性'，它并'没有在任何战斗中作战'；创造这一切、拥有这一切、并为这一切而斗争的，不是'历史'，而正是人，现实的、活生生的人。'历史'并不是把人当作达到自己目的的工具来利用的某种特

---

① 中共中央马克思恩格斯列宁斯大林著作编译局. 马克思恩格斯选集：第 1 卷 [M]. 北京：人民出版社，1995：71.

殊的人格。历史不过是追求着自己目的的人的活动而已。"①
从现实的人的生产活动出发才能科学地把握人类社会历史的本质，"只要描绘出这个能动的生活过程，历史就不再像那些本身还是抽象的经验论者所认为的那样，是一些僵死的事实的汇集，也不再像唯心主义者所认为的那样，是想象的主体的想象活动"②。人是现实的、从事生产实践活动的人，同时人又是存在于人类社会发展过程中的人。因此，要想科学把握人的发展与社会发展的内在统一关系，必须将人作为现实的、从事物质生产实践活动并存在于社会中的人，以此为基础来考察与研究人与社会的发展问题。

实践作为人的本质的存在方式，只有从人的物质生产实践活动出发才能科学把握人类社会历史的发展。人的实践活动不是单纯的主观选择性活动，也不是纯粹客观被动性活动，而是主客观相统一的创造性活动。一方面，"在实践上，人的普遍性正表现在把整个自然界首先作为人的直接的生活资料，其次作为人的生命活动的材料、对象和工具——变成人的无机的身体"③。另一方面，"现实中的个人，也就是说，这些个人是从

---

① 中共中央马克思恩格斯列宁斯大林著作编译局. 马克思恩格斯全集：第 2 卷 [M]. 北京：人民出版社，1957：118.
② 中共中央马克思恩格斯列宁斯大林著作编译局. 马克思恩格斯选集：第 1 卷 [M]. 北京：人民出版社，1995：73.
③ 中共中央马克思恩格斯列宁斯大林著作编译局. 马克思恩格斯全集：第 42 卷 [M]. 北京：人民出版社，1979：95.

事活动的，进行物质生产的，因而是在一定的物质的、不受他们的任意支配的界限、前提和条件下活动着的"①。因此，人是实践活动的人，是在社会中进行实践活动的人，以实践为出发点使人与社会的发展达成内在统一。正如马克思所言，"摆在我们面前的对象，首先是物质生产。在社会中进行生产的个人，因而，这些个人的一定社会性质的生产，当然是出发点"②。人的主体地位正是在实践活动中得到确认，在改造自然的实践活动中摆脱盲目的自然力量的束缚以及在社会实践活动中摆脱异己社会力量的压迫，在实践中主体本质力量得以发挥并不断完善，从而不断解放主体力量。在以实践为中介的主客体关系中实现人的真善美意义上的全面统一。

人创造环境，环境也创造人。人以一定的方式进行生产活动，并产生一定的社会关系。"整个所谓世界历史不外是人通过人的劳动而诞生的过程"③，"他周围的感性世界决不是某种开天辟地以来就直接存在的、始终如一的东西，而是工业和社会状况的产物，是历史的产物，是世世代代活动的结果"④。人按照自己的需要和能力改造对象世界，以使外部世界更适合

---

① 中共中央马克思恩格斯列宁斯大林著作编译局．马克思恩格斯选集：第1卷 [M]．北京：人民出版社，1995：71—72.

② 中共中央马克思恩格斯列宁斯大林著作编译局．马克思恩格斯全集：第46卷（上）[M]．北京：人民出版社，1979：18.

③ 中共中央马克思恩格斯列宁斯大林著作编译局．马克思恩格斯全集：第42卷 [M]．北京：人民出版社，1979：131.

④ 中共中央马克思恩格斯列宁斯大林著作编译局．马克思恩格斯全集：第3卷 [M]．北京：人民出版社，1960：48.

人自身的生存与发展；人又能够在对象化活动中吸收有益于自身生存与发展的积极因素，以使人自身的本质不断发展与完善。在这一主客体双向运动过程中，人不断地全面占有自己的本质，又成为人类社会发展的前提条件与基础。因此，实践是人所特有的存在方式，要从人的实践活动方式的历史变化中把握人的具体的历史本性，要从实践主体与客体相互作用过程中去理解人①。人的实践活动"之所以生成着人和人的世界，就是因为它本身也是一个生成着的活动。这是一个生成的循环"②。实践活动是人的存在方式，人在实践活动中，创造了历史，创造了特定的生产力和生产关系，也生成和创造了人自身，人的本质就是在实践活动中不断地生成，一旦停止这一运行过程，人与社会的历史便会终结。正所谓"人创造环境，同样，环境也创造人"③。"人是世界上最奇异的存在：人创造了人自己，人创造了人的世界；人永远创造着自己，人永远创造着人的世界；人永远是未完成的存在，人的世界永远是未完成的存在。"④ 因此，人正是在通过实践活动改造自然与社会的关系中不断生成人自身与人类社会历史。人从自身出发并以人自身的本质力量的实现为目的，由于人不断地产生新的需要，

① 陶富源.哲学、人学与人 [J].哲学研究，2003（11）：19—24.
② 韩震，孟鸣岐.历史哲学：关于历史性概念的哲学阐释 [M].昆明：云南人民出版社，2002：14.
③ 中共中央马克思恩格斯列宁斯大林著作编译局.马克思恩格斯选集：第1卷 [M].北京：人民出版社，1995：92.
④ 孙正聿.哲学通论 [M].沈阳：辽宁人民出版社，1998：194.

人的本质力量需要不断地发展与完善，人处于自我生成与自我超越的未完成状态。人在实践活动过程中认识与改造世界，正是通过人的本质力量的对象化活动实现对客观世界的变革。与此同时，随着人的实践活动向更深与更广泛开展，人的本质力量得到不断的发展与完善。

人通过实践活动来改变自己和社会的存在方式，变革旧世界创造更好的生存方式，不断地超越现实追求理想的存在状态，创造更符合人类本质力量发展的生存环境，追求人与社会的发展和谐统一。

（二）人类社会历史的发展内在于人的发展进程

社会是人的社会，人是社会存在物，人与社会的发展具有内在统一性。人是社会发展的主体，社会发展是人的生存与发展实践活动的历史性展开，社会生活中的每个成员都在不同程度上进行社会历史活动，历史发展进程受主体选择及其实践活动的影响。人类社会历史本身没有目的，个体的发展才是社会历史的目的本身。人是人类社会历史的结果，同时也是人类历史的前提，人与历史是在人的活动中不断生成的，社会发展是合目的性与合规律性的统一，历史的展开与人的发展的进程是一致的。在马克思看来，"全部人类历史的第一个前提无疑是有生命的个人的存在"①。没有人的存在，也就不会有人类社

---

① 中共中央马克思恩格斯列宁斯大林著作编译局．马克思恩格斯选集：第1卷
[M]．北京：人民出版社，1995：67.

会，人类的"历史"就是"追求着自己目的的人的活动"[①] 过程，人是进行创造性活动的历史的人，人自身不断生成与完善的历史过程也就是人创造历史的过程，历史是人的历史。人通过发挥主观能动性利用现存的力量与环境条件，同时主体选择的价值目标要遵循社会历史发展的必然性，从而推动社会历史发展并促进人自身的发展。人根据自身的需要对外部世界进行改造活动，使自然界与社会环境按照有利于人自身存在与发展的理想状态存在，人所生存的外部世界的实际状态正是按照人的劳动所改造的方式与程度存在着。随着人的实践活动的扩展和深化，未知的、原始的自然界不断地进入人的活动范围，成为人化的自然。"工业的历史和工业的已经产生的对象性的存在"，是"人的本质力量的公开的展示"，[②] 一切社会财富都是人的本质力量的对象化，都是人的主体力量的创造性成果，人不断地发展着自己的需要和满足需要的本质力量，交往方式普遍化，人们的生存与发展空间范围不断地扩展。"在这个意义上，可以说，人类的历史是不断丰富人自己的规定性的历史，是生产人自己的全面性、发展人自己的普遍性的历史。"[③] 也

---

① 中共中央马克思恩格斯列宁斯大林著作编译局. 马克思恩格斯文集：第 1 卷 [M]. 北京：人民出版社，2009：295.

② 中共中央马克思恩格斯列宁斯大林著作编译局. 马克思恩格斯全集：第 42 卷 [M]. 北京：人民出版社，1979：127.

③ 夏甄陶. 认识的主—客体相关原理 [M]. 武汉：湖北教育出版社，1996：240.

就是说，人类社会历史的发展内在于主体的历史活动过程中，而不是独立于历史主体的被决定的发展进程。与此同时，历史主体的实践活动是历史得以发展的内在根本动力，而以往主体的历史活动结果是历史主体生存与发展活动的基础和前提，在此基础上不断地进行新的创造性活动并形成新的历史规定性，历史主体又以现在的活动为未来的人创造更高的历史前提条件。

正是人们在追求自我发展与自我实现的活动过程中不断地创造新的历史规定性，这一实践活动使人与人之间产生交往活动并结成社会，人的物质生产实践活动成为社会发展的内在动力，人与社会的发展构成历史的全部内容和发展形式。物质生产力作为人与社会发展的根本动因，实质上这是人的本质力量的不断发展与解放。人作为生产力的主体，是生产力诸要素中最能动、最活跃、最革命的要素，没有人这一生产力的根本要素，就不可能存在生产力。正是由于人的实践本质，才能够推动生产力的发展。因此，人既是历史的"剧中人"，又是历史的"剧作者"，"正像社会本身生产作为人的人一样，社会也是由人生产的"①。而生产力是通过推动以物质生产关系为基础的社会关系的发展来推动社会历史发展的，人类社会实践的广泛而深入的展开，不断地推动社会关系的普遍性发展，从而

① 中共中央马克思恩格斯列宁斯大林著作编译局. 马克思恩格斯文集：第1卷 [M]. 北京：人民出版社，2009：187.

使人的本质力量从片面、狭隘的社会关系中不断地获得解放，以更加丰富的、普遍的社会关系来推动实践活动的发展，这是社会发展的过程。在这一过程中不断解放与发展人的本质力量，以全面发展与占有人自身的本质力量为最终目标。人类社会历史每一步发展过程都是人的实践活动的产物，社会形态的演进、社会结构的变革、新的社会制度的产生等都是在人的创造性活动推动作用下产生的。这一发展过程正是人不断地革除旧有的社会条件并创造更先进的社会环境以利于人的生存与发展的结果。"历史随着人们的生产力以及人们的社会关系的越益发展而越益成为人类的历史。"① 人类实践活动发展过程正是由被动受制于客观必然性的他律状态走向自觉把握和充分利用客观规律、社会环境条件的自主状态，并不断地推动人自身的发展与社会发展的过程。

历史发展过程中，"历史的主体是人（人类、群众和个人，但最终是个人即每个人），历史的内容是人的能力（或力量）发展和自由的逐步实现，历史的手段是人所追求的自由自觉的创造性劳动，而历史的目的则是每个人自由而全面的发展。这里，马克思对历史的见解可具体化为，社会历史是每个人的能力和自由通过劳动而形成、发展和实现的历史"②。人的实践

---

① 中共中央马克思恩格斯列宁斯大林著作编译局. 马克思恩格斯选集：第 4 卷 [M]. 北京：人民出版社，1995：532.
② 韩庆祥. 建构能力社会：21 世纪中国人的发展图景 [M]. 广州：广东教育出版社，2003：108.

活动在先在的社会历史条件基础上，遵循合规律性与合目的性的统一中，不断地追求人的生存与发展的理想状态。随着人类的认识与实践能力不断强大，人能够预见并把握自然与社会对人的实践活动的影响，从而使人的实践活动创造出越来越符合主体选择目标的历史结果。随着社会的发展，要求人不断地在更高程度上发展，这对推动社会进一步向前发展具有决定性的作用。

（三）人与社会发展的统一在于人的发展

人的生存和发展的需要及其现实满足程度是社会发展的基本出发点和价值尺度。人是全部人类活动和全部历史的本质和基础，人是人类一切行为的根本原因和最高目的，是衡量一切事物的基本标准。马克思认为，"人只需要了解自己本身，使自己成为衡量一切生活关系的尺度，按照自己的本质去估价这些关系，真正依照人的方式，根据自己本性的需要，来安排世界，这样的话，他就会猜中现代的谜了"[①]。人是社会存在物，社会是人的社会，人与社会的发展具有内在统一性，社会发展不可能脱离人的发展，而人与社会发展的统一在于人的发展上，人是社会发展的终极目标。社会发展的客观必然性只能基于人类生存和发展的价值必要性，追求社会发展进步的目的是实现人的全面发展。在马克思看来，人的自由全面发展始终是

---

① 中共中央马克思恩格斯列宁斯大林著作编译局. 马克思恩格斯全集：第 1 卷 [M]. 北京：人民出版社，1956：651.

未来社会的价值旨归，理想社会形式是"自由人联合体"，而理想的人的状态是"自由个性"，也就是"以每个人的全面而自由的发展为基本原则的社会形式"①。由此可知，社会的发展实质上就是人的发展，社会发展的历史根本上是人的本质力量发展的历史，人类社会文明的发展进步是人的活动所创造的，人既是创造者又是享有者，人的自由全面发展既是社会发展的根本目标，也是社会发展的客观必然性趋势。一个社会的发展是否进步，其判断的依据是能否为人的生存与发展创造更好的社会环境条件，以及能否使人的本质力量得到充分发挥并不断地得到发展与完善，从而实现人的主体性。

早期的人类社会，人的生产能力水平有限，人的发展程度整体不高，受外在自然界的束缚和奴役，人的社会交往活动范围封闭狭隘，没有丰富的社会关系，人的本质力量受到制约，社会发展程度处于低水平。手工工场的生产由机器工业的生产所取代，科学技术不断发展并在生产活动中得到广泛应用，生产力的发展推动了社会的整体发展，为人的发展创造了更充分的社会环境条件。同时，推动了人的发展的社会交往范围不断扩大、水平不断提高，社会关系不断丰富，整体社会发展程度达到更高水平。马克思在谈到北美国家的发展时说："在这些国家中，除了移居到那里去的个人而外

---

① 中共中央马克思恩格斯列宁斯大林著作编译局. 马克思恩格斯全集：第23卷 [M]. 北京：人民出版社，1972：649.

没有任何其他的自发形成的前提，而这些个人之所以迁移到那里，是因为他们的需要与老的国家的交往形式不相适应。可见，这些国家在开始发展的时候就拥有老的国家的最进步的个人，因而也就拥有与这些个人相适应的、在老的国家里还没有能够实行的最发达的交往形式。"① 正是人的发展进步，以及人对社会政治、经济、文化等的全面发展和社会交往的广泛发展的强烈要求才推动这些国家的迅速发展。因此，正如马克思所提出的，我们的目的是社会生产力的最高度发展和人的最全面发展。

发展的终极目标是促进人的自由全面发展，人的发展水平是社会发展进步的衡量尺度。人的本质力量的全面发展、丰富的社会关系、人的个性的不断完善，这些都是社会进步的集中表现。人的发展水平不断提升之时社会也得到相应的发展，当每个人实现自由全面发展之时社会必然向更高的历史阶段发展。在现实社会历史活动中，人的认识与实践能力是一个从低到高不断深化发展的历史过程，人们对认识社会发展本质和改造社会的活动水平也经历了一个不断深化的过程。社会发展离开人的发展目标就会产生人与社会之间对立与冲突的关系，只有在人与社会发展的统一中才能实现人的发展、社会进步。因此，把经济社会的发展与人的发展进步

---

① 中共中央马克思恩格斯列宁斯大林著作编译局．马克思恩格斯选集：第 1 卷 [M]．北京：人民出版社，1995：124—125.

联系起来，已成为确立发展目标的关键，社会的解放和人自身的解放是一致的。社会发展以人的发展为目的，人的发展程度成为社会发展的衡量尺度，没有人的发展，便不会有真正的社会发展。

第四章

人的全面发展与社会全面进步一致的趋向

　　人的全面发展与社会全面进步相统一，社会全面进步和人的全面发展是历史演进的同一过程，相辅相成。人的生存与发展的活动是社会全面进步的全部内容，人类的一切创造活动都以发展人类自身为出发点和落脚点。人的全面发展是解决社会发展问题的根本途径，社会发展问题归根结底是人的发展问题，人是社会发展的主体力量和动力源泉。人的全面发展是人自身的建设与发展的结果，社会的存在及其全面进步依赖于人的需要，社会全面进步只是人的全面发展目标的工具与手段。社会发展以人的发展为其价值取向，人是社会发展的目的和内在动力，没有人的全面发展就不可能实现社会全面进步，社会全面进步实现的程度越高就越有利于实现人的全面发展的价值目标。以人的发展引领社会发展，最终目的是以社会全面进步来促进、支撑人的全面发展。社会发展根本目的在于人的发展，最终归属是人的全面发展，没有人的发展社会将不会实现持久的发展进步，社会发展也将没有任何意义。人的全面发展与社会全面进步统一关系最终都体现在人的全面发展上，人的全面发展与社会全面进步具有一致的趋向。

第一节　人的全面发展

马克思主义认为，人的发展的最高境界是人的全面发展，是人的本质的真正实现。人的全面发展有多种衡量标准，主要体现在：一方面是人的自由时间多少和自主活动的程度，另一方面是人的社会化完善程度。人的全面发展需要具备生产力的高度发展、社会交往的普遍发展，人只有在全面发展的社会中并通过社会才能得以实现全面发展，各个人在自己的联合中并通过这种联合获得自由。在马克思那里，人的发展的终极样态是自由个性的人，在未来的理想社会状态中，追求人的全面发展，达到自由个性的人是人的发展的最高理想目标。

一、人的全面发展的衡量标准

按照马克思、恩格斯的观点，人的全面发展最主要的衡量标准是自由时间、自主活动和自由个性这三个方面。

人的全面发展主要体现在：一方面是人的自由时间多少和自主活动的程度，另一方面是人的社会化完善程度。马克思指出，在共产主义社会里，财富的尺度不是劳动时间，而是可以自由支配的时间。自由时间是衡量人的全面发展的重要条件，是人的全面发展的基础。"时间实际上是人的积极存在，它不仅是人的生命的尺度，而且是人的发展的空间。"① 马克思认为自由时间具有社会历史性，表现在人的活动的社会领域以及历史发展中除了必要的满足基本生活的劳动时间以外的自由发展的时间，也就是分为必要劳动时间和自由劳动时间两部分。具体来说，人的活动在必要劳动时间内是为了使人得以基本维持生命的运转、人自身得以通过自然再生产而获取生存资料，从而使人获得生存空间；人的活动在剩余劳动时间里虽然超出了自然再生产的界限，但人仍作为物质生产者进行再生产。而人的活动在自由时间里全部都用于自身本质力量的发展与完善，在自由时间里人的活动以自身的发展为目的，超出外在目的的限制，不断地成为全面发展的社会历史主体。自由时间的多少直接决定人的发展空间，劳动时间越多，自由时间就越少，从而限制人的本质力量的发展。因此，人的发展和社会发展取决于劳动时间的缩短、自由时间的增多。马克思指出："节约劳动时间等于增加自由时间，即增加使个人得到充分发展的时间，而个人的充分发展又作为最大的生产力反作用于劳动生产力。从直接生产过程的角度来看，节约劳动时间可以看

---

① 中共中央马克思恩格斯列宁斯大林著作编译局. 马克思恩格斯全集：第 47 卷［M］. 北京：人民出版社，1979：532.

作生产固定资本，这种固定资本就是人本身。"① 马克思把"时间的节约"看作"真正的经济"和"更高的规律"，通过提高社会劳动生产率来节约劳动时间、缩短工作日，以更少的劳动时间生产更多的物质产品，从而延长自由时间，为人的全面发展创造前提条件与基础。在阶级社会中，社会发展与人的发展相对立，社会发展以牺牲人的发展为代价，社会少数人的发展建立在剥削与压迫社会大多数成员的基础之上，社会少数人的自由时间以绝大多数人延长剩余劳动时间而获取。只有到了共产主义社会，劳动成为生活的第一需要，劳动时间与自由时间一致，劳动时间与自由时间对立消失，这时每个人都获得了自由时间，从而获得了全面发展的空间。

自由时间是人的全面发展的关键因素，在于"整个人类的发展，就其超出对人的自然存在直接需要的发展来说，无非是对这种自由时间的运用，并且整个人类发展的前提就是把这种自由时间的运用作为必要的基础"②。具体说来，"自由时间——不论是闲暇时间还是从事较高级活动的时间——自然要把占有它的人变为另一主体，于是他作为这另一主体又加入直接生产过程。对于正在成长的人来说，这个直接生产过程就是

---

① 中共中央马克思恩格斯列宁斯大林著作编译局. 马克思恩格斯全集：第 46 卷（下）[M]. 北京：人民出版社，1980：225.

② 中共中央马克思恩格斯列宁斯大林著作编译局. 马克思恩格斯全集：第 47 卷 [M]. 北京：人民出版社，1979：216 .

训练，而对于头脑里具有积累起来的社会知识的成年人来说，这个过程就是［知识的］运用，实验科学，有物质创造力的和对象化中的科学。对于这两种人来说，由于劳动要求实际动手和自由活动，就像在农业中那样，这个过程同时就是身体锻炼"①。因此，自由时间是人的全面发展的前提。

自主活动是人的全面发展的实践基础，自主活动是个人按照自己的需求和意愿自由自觉的活动。人的自主活动的程度是人的全面发展程度的重要体现。在马克思、恩格斯看来，自主活动就是主体能够自由地选择活动方式、活动手段和活动范围等。因此，必须具有生产力的极大发展，创造丰富的物质条件，扩大主体的交往活动范围，从而为主体的自主活动创造必要条件和基础。此外，消除生产资料的私人占有，使联合起来的个人共同占有生产资料，在广泛联合的基础上发挥自己的才能。正是在这个意义上，马克思、恩格斯提出"劳动向自主活动的转化"，又提出"只有在这个阶段上，自主活动才同物质生活一致起来，而这点又是同个人向完整的个人的发展以及一切自发性的消除相适应的。同样，劳动转化为自主活动，同过去的被迫交往转化为所有个人作为真正个人参加的交往，也是相互适应的"②。

---

① 中共中央马克思恩格斯列宁斯大林著作编译局.马克思恩格斯全集：第 46 卷（下）［M］.北京：人民出版社，1980：225—226.

② 中共中央马克思恩格斯列宁斯大林著作编译局.马克思恩格斯全集：第 3 卷［M］.北京：人民出版社，1960：77.

自由个性是人的全面发展的最终目的。自由个性是对人的依赖性、物的依赖性的双重超越，是人的发展的理想状态。根据马克思的观点，自由个性体现为个人的独立性以及个人能力的全面发展，实现人对人的全面本质的真正占有，每个人都实现自由自觉的活动。人的全面发展的最终目的是使每个人的个性得到自由而充分的发展，实现人的自由个性是人的发展的最高境界。

二、人的全面发展的前提

首先，生产力的高度发展。"个人的全面性不是想象的或设想的全面性，而是他的现实关系和观念关系的全面性……要达到这点，首先必须使生产力的充分发展成为生产条件，使一定的生产条件不表现为生产力发展的界限。"① 社会所达到的生产力总和决定社会发展水平，并规定和制约着人的发展程度。要想消灭旧式分工和异化劳动、消灭阶级和私有制，都必须以生产力的极大发展为前提。否则，"如果没有这种发展，那就只会有贫穷、极端贫困的普遍化；而在极端的情况下，必须重新开始争取必需品的斗争，也就是说，全部陈腐的东西又要死灰复燃"② 。因此，不可能脱离生产力的极大发展而实现

---

① 中共中央马克思恩格斯列宁斯大林著作编译局 . 马克思恩格斯全集：第46卷（下）［M］. 北京：人民出版社，1980：36.
② 中共中央马克思恩格斯列宁斯大林著作编译局 . 马克思恩格斯全集：第3卷［M］. 北京：人民出版社，1960：39.

人的全面发展。"人们每次都不是在他们关于人的理想所决定和所允许的范围之内，而是在现有的生产力所决定和所允许的范围内取得自由的。"①

其次，社会交往的普遍发展。社会生产力高度发展基础上推进社会交往的普遍发展。社会交往的普遍发展形成世界交往，从而使生产力得以保存、普及和发展，并使新生产力的创造成为可能。社会交往活动的普遍发展，使狭隘的地域性的人成为世界历史性的普遍的人，推进人与人之间形成全面的依存关系，促进人们的相互交流与学习，形成丰富的社会关系，为人的全面发展提供各种社会条件。

最后，人只有在全面发展的社会中并通过社会才能实现全面发展，各个人在自己的联合中并通过这种联合获得自由。这种联合把个人的自由发展和运动的条件置于他们的控制之下，而这种联合又是以发达的现代生产力和普遍的世界交往为基础的。"只有在共同体中，个人才能获得全面发展其才能的手段，也就是说，只有在共同体中才可能有个人自由。"② 人不可能脱离社会而生活，社会也无法离开人而存在，人的本质在其现实性上是一切社会关系的总和。按照马克思的观点，人只有在真正的共同体中，才可能获得全面发展，实现个人的充分自由。

---

① 中共中央马克思恩格斯列宁斯大林著作编译局．马克思恩格斯全集：第3卷［M］．北京：人民出版社，1960：507.
② 中共中央马克思恩格斯列宁斯大林著作编译局．马克思恩格斯文集：第1卷［M］．北京：人民出版社，2009：571.

三、人的全面发展的实现条件

（一）人的需要的全面发展

人的需要是人的一切行为的内在动力，并在一定程度上决定了人的生存方式和生活状态。人的需要不是一成不变的，不同时代人的需要也不同。前资本主义时期对血亲关系和权力的需要占主要地位，资本主义时期主要是对物或金钱的需要占主导，在未来社会主要是以多方面的劳动活动来实现人的内在本质力量的需要。在前两个时期人追求占有并为自己所用，属于占有性需要，这并不是人的本质需要；而最后一种作为人的本质需要是实现性需要，人的劳动活动是人的全面发展的第一需要或本质需要。

人的需要的全面发展是对狭隘的人情关系、权力和物的占有性需要的一种超越，人通过劳动活动发挥人的内在本质力量，进而不断地发展自己丰富的、多方面、多层次的需要。马克思和恩格斯将人的需要划分为三个层次：生存需要、享受需要和发展需要。美国学者马斯洛将人的需要划分为五个递进的层次：生理需要、安全需要、社交需要、尊重需要和自我实现需要。人的生存方式的多样性决定了人的需要具有丰富性。但现在还有很多人追求单一的需要，强调人情关系、权力、物质，要正确树立以自我实现需要为主导的价值理念。

（二）人的活动及其能力的全面发展

人是进行劳动实践活动的人，人正是在劳动实践活动中获得其本质力量的发展。在前资本主义时期，人的能力发展表现为原始的丰富性；在资本主义时期，人的劳动受强制分工支配，只能长期从事单一工种，使人畸形片面发展；在未来的理想社会，人的本质力量的发展与完善成为目的本身，人的劳动体现为人的本质力量的充分发挥与人对人自身的本质力量的完全占有。在马克思看来，人的全面发展正是体现在人的本质力量的全面发展。

人的发展也就是人的实践活动能力的发展，这具体表现在人的活动内容以及活动形式的丰富多样性、自由选择性、可变动性。这种实践活动服从于主体的目的并符合主体需要，但这种实践活动又不是随心所欲的，受一定客观对象以及客观规律所制约。正是对象世界的复杂性与主体需要的多样性，促成了人的活动内容和活动方式的丰富多样性。人的实践活动主要包括：一是改造自然的活动，即物质生产活动，解决人与自然的矛盾；二是改造社会的活动，即社会交往活动以及组织、管理和变革社会关系的活动，解决人与社会、人与人之间的矛盾；三是改造人自身的活动，表现为教育活动、道德活动、艺术活动、宗教活动和审美活动等，解决人与自身的矛盾。人的实践活动的丰富多样性是一个历史性生成的过程。人的活动内容的全面性不断生成并得到高度丰富的发展以及人的活动形式具有自由选择性、可变动性，这使人的活动不再被迫强制性地固定于单一的工种，不再受分工和狭隘的职业选择的限制，每个人都能够根据自己的特长、爱好，从各行各业中自由地选择所要从事的活动领域，可以是体力劳动也可以是脑力劳动，无论是物质生产劳动还是参加经济、政治、社会生活、科学艺术等活动都由个人自由选择。正如马克思所言："在共产主义社会里，任何人都没有特殊的活动范围，而是都可以在任何部门内发展，社会调节着整个生产，因而使我有可能随自己的兴趣今天干这事，明天干那事……"①

　　人的实践活动过程是人的本质力量的运用和发挥的过程，也是人的能力的形成和发展过程。人的本质力量的发挥是主客体对象性关系得以形成的必要条件之一，活动的形成"取决于对象的性质以及与之相适应的本质力量的性质"。人的能力主要是在社会实践中形成，并在主客体的对象性关系中表现出来，是人的综合素质的集中体现，是作为主体的人所具有的为了满足自身的社会需要而在一定社会关系中从事对象性活动的内在可能性。活动过程是主体的本质力量在一定的环境中对象化活动的实现，而主体能力的性质决定了主体活动的方式，主体能力的水平决定了主体活动的范围，主体能力是否得以正确发挥决定了主体活动能否取得成功，主体的对象性活动的产物

---

① 中共中央马克思恩格斯列宁斯大林著作编译局. 马克思恩格斯选集：第 1 卷 [M]. 北京：人民出版社，1995：85.

是主体活动的结果，这是主体本质力量的具体展现。因此，人的发展首先是人的活动的发展，而人的活动的发展主要是人的活动能力的发展。

（三）人的社会关系的全面发展

人在其现实性上是一切社会关系的总和，有什么样的社会关系就会有什么样的人，个人的发展取决于同他直接或间接进行交往的其他人的发展。在前资本主义时期表现为以血亲和权力关系维持的"人的依赖"的社会关系；在资本主义时期表现为以物为纽带的"物的依赖"的社会关系；在共产主义社会时期主要表现为"自由个性"，即每个人的发展以其他人的发展为基础，以人的本质力量的发展与完善为核心的社会关系。在前两种社会形态中，社会发展与人的发展相对立，社会发展以牺牲人的发展来实现。在"自由个性"发展阶段，社会发展与人的发展和谐统一，社会发展以人的发展为目的，社会发展与人的发展在双向运动中呈螺旋上升的发展趋势，进而不断地促进人的自由全面发展，实现人的本质力量的全面发展。

人在实践活动中形成社会关系，社会关系是实践活动的产物，而人作为社会主体是社会关系的载体和承担者，社会关系的产生使个体成为社会性的人，使个体的人成为社会存在物。因此，人存在于一定的社会关系中，人不可能脱离社会关系而单独存在，人的发展具体表现为社会关系的发展。人的本质力量的发展和表现离不开一定的社会关系，正如生产力要在一定的生产关系中表现出来，政治力量要在一定的政治关系中表现出来。马克思所阐述的人的发展阶段正是从人的社会关系发展的角度进行考察的，包括人的依赖阶段、以物的依赖性为基础的人的独立性、自由个性这三个人的发展阶段。从以上可知，社会关系的发展决定了人的发展程度，"个人的全面性不是想象的或设想的全面性，而是他的现实关系和观念关系的全面性"①。只有在社会关系全面丰富、社会交往普遍发展、人对社会关系的共同控制与全面占有的前提条件下才能实现人的全面发展。人的全面发展，必然意味着人的社会关系的全面丰富发展。

在人类社会早期，人与人之间的社会关系局限于狭隘的血亲关系和地缘关系，生产力落后，社会交往范围受局限，社会活动内容与方式单一、片面，进而形成了简单而贫乏的社会关系。正如马克思所言："小农人数众多，他们的生活条件相同，但是彼此间并没有发生多种多样的关系。他们的生产方式不是使他们互相交往，而是使他们互相隔离。"② 社会关系全面丰富的发展意味着在社会生活中人与人、人与群体之间形成了相互依赖、相互依存的关系，更意味着社会发展超越了个体的存在模式、强制性的固定职业的分工限制、狭隘的地域和民族的

① 中共中央马克思恩格斯列宁斯大林著作编译局．马克思恩格斯全集：第46卷（下）［M］．北京：人民出版社，1980：36.

② 中共中央马克思恩格斯列宁斯大林著作编译局．马克思恩格斯选集：第1卷［M］．北京：人民出版社，1995：677.

局限性。社会交往的普遍性发展进而实现了社会关系的多方面、多层次、各领域的丰富多样性的发展，人们在政治、经济、科技文化等领域形成全面广泛的联系，社会关系呈现出丰富、开放、全面、协调和谐的发展样态。

具体来说，首先，社会分工作为特定社会关系下的表现形式，个人的发展决定于分工这一社会关系。社会分工使人受强制性力量在固定的某一工种长期做工，进而使人畸形片面发展，正是这一社会关系决定了人所要从事的职业和所具备的能力。当人的发展呈现为人的社会关系的不断丰富，意味着旧式分工不断趋向消失，全面发展的人取代了畸形片面发展的人。

其次，社会交往的普遍性发展。在人与人的交往活动中生成并实现着社会关系，正是社会交往活动促成活动主体同他人之间建立特定的社会联系。如果没有社会交往活动，就不可能形成人与人之间全面丰富的社会关系，更不可能形成由一切社会关系的总和所构成的人类社会。人的活动要想顺利进行，就离不开人与人之间的交往活动，人的活动依赖于交往，因而社会交往活动是人的一切活动的前提。社会交往活动具有传递信息、沟通感情、调控行为等多方面功能，社会交往活动的内容主要是人与人之间物质、能量和信息的交换，可以概括为是物质和精神的变换过程，正是社会主客体之间的相互作用、相互生成、相互发展不断推动社会交往的普遍性发展。人的活动的全面发展和人的社会关系的全面丰富必然意味着社会交往的普遍发展。因此，人的社会交往与人的社会关系是相统一的。

社会生产力、分工和交换的不断发展，推动人在各方面、各层次、各领域积极地参与社会交往活动。社会活动主体与其他人、整个世界进行物质生产与精神生产的普遍的交换活动，社会交往的内容、范围、方式、对象从贫乏、狭隘、单一状态向全面丰富、广泛多样、复杂多变的趋势发展。人与人之间物质和精神交往活动的充分发展，使人与人之间形成良性互动，脱离分离状态，建立更紧密的社会关系，个体与个体之间，群体与群体之间，个体与群体之间，个体、群体与社会之间建立广泛的交往，还有个体与其先辈以及以往物质、精神成果的代际交往日益广泛深入。在这里，个人既是群体中的个人，又是独立自主的个人，同他人、群体、社会、历史建立联系并进行广泛交往。

在人类社会早期，社会关系以人的依赖关系即人与人之间统治与服从关系为主导，社会生产力落后，这时的社会交往局限于狭隘的血缘关系、地缘关系等，社会交往范围是局部的、地域性的，社会交往形式是简单的，因而这一时期社会活动表现出原始、单一、贫乏的特征。在以市场经济和交换价值为基础的商品经济社会，生产力高速发展、科学技术提高、交往工具和手段全面进步、世界市场形成，这些推进社会交往在更广泛的范围得到开放式发展，交往范围扩展到整个世界，实现社会交往的普遍性。与此同时，以物为纽带的社会交往，物质与个人利益至上，使人畸形片面发展，社会交往的目的偏离了人的发展的价值取向。只有分工消失，阶级消灭，生产资料公有制形成并完善，社会物质财富充分涌流，社会精神条件充分发展，社会活动主体的本质力量得到全面发展，摆脱了对物的依赖、对他人以及共同体的依附，人与人之间的社会交往在更高程度上达到自由、开放的水平，人才能成为真正的全面发展的人，这时人类社会进入世界共同体的社会交往中。马克思指出，"各个相互影响的活动范围在这个发展进程中越是扩大，各民族的原始封闭状态由于日益完善的生产方式、交往以及因交往而自然形成的不同民族之间的分工消灭得越是彻底，历史也就越是成为世界历史"[①]。进而使人不断地摆脱个体、地域和民族的狭隘性成为世界历史中的个人，个人正是通过与整个世界发生联系，吸收并利用人类发展过程中全部优秀的成果来发展与丰富自己。

人的发展既体现在人的社会关系丰富性上，还体现在人对社会关系的全面占有和共同控制上。在资本主义社会条件下，人的社会关系表现出一定的丰富性。市场经济和交换价值为基础的机制使社会各层次、各领域的个人发生联系。这一时期为满足资产阶级商品经济发展的需要，扩大商品交易市场，驱使资产阶级在全球各地建立联系，进而推动世界市场的形成，将

---

① 中共中央马克思恩格斯列宁斯大林著作编译局. 马克思恩格斯选集：第1卷 [M]. 北京：人民出版社，2012：168.

一切国家的生产与消费纳入世界范围中，确立世界性的社会关系。但在马克思看来，资本主义社会与人的发展相对立，资本主义的生产关系剥削与奴役工人，使人畸形片面发展，并限制了人的发展。资本主义社会发展以牺牲人的发展为代价，人的生存与发展没有成为这一时期社会发展的衡量尺度，人自身的需要被遮蔽，资本主义社会发展偏离了人的发展目的。因此，必须以社会所有制取代私有制、以人的关系取代物的关系，人与人之间形成的社会关系成为联合起来的个人的共同关系，进而实现人对社会关系的全面占有和共同控制。

（四）人的个性的全面发展

在马克思那里，人的发展的终极样态是自由个性的人，自由个性的人是人的内在本质追求，在历史发展过程中不断生成。在人类历史早期，个人牺牲自己的独立性而依附于血缘共同体，没有独立人格；在资本主义社会时期，随着商品经济的发展赋予个人一定的独立性，实际上人受物的奴役。在未来社会中，人的本质力量的全面发展成为社会发展的价值取向与基本原则，最终达到自由个性的人的状态。

马克思认为自由个性的人应具备这样的品质：约束自己的自律性，自愿自主地做事的自由性，支配自己的生存条件以及独立自主地进行创造性活动。人的个性是由不同的个体相互作用与相互联系中多种特征组成的有机整体。是由不同的子系统综合而形成的具有整体功能的特殊系统。个性本质上是个人较为稳定的主体性和差异性的统一，主要包括：首先，人的需要、目的、爱好、价值观念等个人倾向性特征。这一特征作为人的一切行为的内在动力而存在于个性中，人的社会生活内容由个人倾向性的动力因素所规定，并决定人的行为的动机与积极性，在一定程度上决定社会发展进程。其次，性格、能力、气质等个人心理特征。人的性格是主体对客体的态度及行为方式中所体现出来的比较稳定的心理特征，例如，努力、勤奋、坚强、温和、软弱、暴躁等；个体能力是不同个体之间体力与智力的差别，人的能力主要由知识水平、技能、理性思维等构成，这对人的实践活动水平具有直接影响；气质是个人心理的强弱、反应灵敏或迟钝等特征，例如，活泼、敏锐、迟缓、孤僻等。最后，道德风貌、社会角色、行为习惯及其他精神状态等个人的社会人格特征，是社会对个体的认可和评价，这是区分不同个体的重要特征。①

个性不存在于动物，因为动物和环境之间没有主客体关系，仅表现为个体特征而不是个性。个性表现为主体对客体的改造活动及主体在改造客体的活动中的自我改造。人在实践活动中展现其个性，因而人必须通过实践活动才能具有主体性，人的个性在实践活动中的展现就是人的主体性。有个性的人是能动地创造世界的主体，人的主体性越强，人的个性就越强，

———————
① 黄楠森. 人学原理［M］. 南宁：广西人民出版社，2000：311—312.

反之亦然。"我在劳动中肯定了自己的个人生命，从而也就肯定了我的个性特点。"① 人的主体性实现的同时彰显着每个人不同的个性差异，每个人都具有独特性与不可取代性。

主体性是人作为社会活动的主体能够自觉能动地、自主地作用于客体，而人的个性是主体性的个体表现。实际上人的个性发展表现为人的主体性程度的全面提高，也就是人的自觉能动性和自主性的不断增强。主体能动性是依据主体的目的性、选择性、计划性、预见性来自觉地认识客观世界并对其进行改造活动。在社会生活中，主体的社会实践活动都是以自身目的为出发点，有意识地按计划改造客观世界，自觉地发挥能动性使活动结果趋向于自己所预设的理想状态，进而满足自身的生存与发展需要。正是人的自我意识和对象意识，使主体能够在多种可能性空间中选择与自己的目的和计划相符合的发展方向，进而通过对象性活动来创造有利于自己生存与发展的社会环境。主体正是在这一创造性活动中不断超越现实推动人类历史发展进步。以人的自觉能动性、创造性水平为标准来衡量人的个性发展程度，如果仅仅是依附于他人、服从于环境的支配，就缺乏自我意识和创造性，无法体现出人的个性。

只有在人的自主性前提下才能发挥人的主观能动性与创造性。人只有在活动中意识到自己是活动的主人，才能激发主体

---

① 马克思，恩格斯. 马克思恩格斯全集：第 42 卷 [M]. 北京：人民出版社，1979：38.

的主观能动性与创造性，使主体在诸多可能性中做出选择并按计划和预设的理想结果进行实践活动，努力满足自己的生存与发展需要。自主性表现着主体的本质力量并确证着主体地位。主体具有自主性表明主体对制约和影响其自身存在与发展的主客观因素有着自由独立的支配能力、自控自决的责任与权利。所以，自主性是人的主体性实现的最高表现和最终目的，自主性制约和影响着主体的能动性与创造性的发挥。人只能在独立自主中实现自由，在此基础上才能成为有个性的人。人的自主活动的发展表现为主体对于生产力、生产关系和自身本质的占有，以及人在与自然、社会和自己本身的关系中实现自由。因此，马克思认为自主活动等同于主体性活动，等同于个性，并且把人的个性看作自由个性。"个人的全面发展，只有到了外部世界对个人才能的实际发展所起的推动作用为个人本身所驾驭的时候，才不再是理想、职责等，这也正是共产主义者所向往的。"① 只有在这时，"自由个性"才能真正实现。

每个人都是具有个性的独特的个体，人的个性发展与完善表现出个人独特性的增加和丰富，这意味着超越了标准化、模式化、简单化的个性，使每个人都能够追求自我的独特人格、理想等，并保持自己的个性特征，这些都使社会充满活力与生机。这个世界如果没有多样性的统一，便是无差别的单一，每

---

① 中共中央马克思恩格斯列宁斯大林著作编译局．马克思恩格斯全集：第3卷
[M]．北京：人民出版社，1960：330.

个人都是一个标准与模式的样态，就不会有人的发展与社会发展，人类历史也无法向前发展进步。在阶级社会中，人的发展是阶级性与个性的统一。个人作为一个阶级的社会成员，隶属于这一阶级，"他们的个性是受非常具体的阶级关系所制约和决定的"。然而，个体并不会完全从属于某一阶级，仍保持着自己独有的个性。在未来的理想社会状态中，追求人的全面发展，达到自由个性的人是人的发展的最高理想目标。

第二节 社会全面进步

社会全面进步表现为社会的物质文明、精神文明、制度文明和生态文明共同发展，实现社会在经济、政治、文化、生态等各方面全面进步。从客体尺度来说，社会全面进步是社会经济、政治、文化、生态等社会各方面综合发展的指数，从社会各领域、多方面、多层次广泛而全面地综合反映社会发展的全貌；从主体尺度来说，社会全面进步是由人的发展来表现出来，即人的发展水平，也可以说人的发展实现自由全面发展的程度，社会发展要通过人的发展水平和人的生活幸福指数来衡量与确认。社会发展的根本目的是追求人的发展，人类推进社会进步的内在动力是为了实现人自身的生存与发展，因而这意味着人的发展是社会进步的最高目标。

一、社会全面进步的衡量标准

马克思认为："人们在自己生活的社会生产中发生一定的、必然的、不以他们的意志为转移的关系，即同他们的物质生产力的一定发展阶段相适合的生产关系。这些生产关系的总和构成社会的经济结构，即有法律的和政治的上层建筑竖立其上并有一定的社会意识形式与之相适应的现实基础。物质生活的生产方式制约着整个社会生活、政治生活和精神生活的过程。不是人们的意识决定人们的存在，相反，是人们的社会存在决定人们的意识。社会的物质生产力发展到一定阶段，便同它们一直在其中活动的现存生产关系或财产关系（这只是生产关系的法律用语）发生矛盾。于是这些关系便由生产力的发展形式变成生产力的桎梏。那时社会革命的时代就到来了。随着经济基础的变更，全部庞大的上层建筑也或慢或快地发生变革。在考察这些变革时，必须时刻把下面两者区别开来：一种是生产的经济条件方面所发生的物质的、可以用自然科学的精确性指明的变革，一种是人们借以意识到这个冲突并力求把它克服的那些法律的、政治的、宗教的、艺术的或哲学的，简言之，意识形态的形式。我们判断一个人不能以他对自己的看法为根据，同样，我们判断这样一个变革时代也不能以它的意识为根据；相反，这个意识必须从物质生活的矛盾中，从社会生产力和生产关系之间的现存冲突中去解释。无论哪一个社会形态，在它们所能容纳的全部生产力发挥出来以前，是决不会灭亡的；而新的更高的生产关系，在它的物质存在条件在旧社会的胎胞里成熟以前，是决不会出现的。所以人类始终只提出自己能够解决的任务，因为只要仔细考察就可以发现，任务本身，只有在解决它的物质条件已经存在或者至少是在生成过程中的时候，才会产生。大体说来，亚细亚的、古代的、封建的和现代资产阶级的生产方式可以看作是经济的社会形态演进的几个时代。资产阶级的生产关系是社会生产过程的最后一个对抗形式，这里所说的对抗，不是指个人的对抗，而是指从个人的社会生活条件中生长出来的对抗；但是，在资产阶级社会的胎胞里发展的生产力，同时又创造着解决这种对抗的物质条件。因此，人类社会的史前时期就以这种社会形态而告终。"① 恩格斯指出，资本主义生产方式使"所有那些迄今或多或少置身于历史发展之外、工业迄今建立在工场手工业基础上的半野蛮国家，随之也就被迫脱离了它们的闭关自守状态……大工业便把世界各国人民互相联系起来，把所有地方性的小市场联合成为一个世界市场，到处为文明和进步做好了准备，使各文明国家里发生的一切必然影响到其余各国"②。正是在这一历史进程中，历史走向世界历史。未来社会"将是这样一个联合体，在那里，每

---

① 中共中央马克思恩格斯列宁斯大林著作编译局．马克思恩格斯选集：第2卷 [M]．北京：人民出版社，1995：32—33.

② 中共中央马克思恩格斯列宁斯大林著作编译局．马克思恩格斯选集：第1卷 [M]．北京：人民出版社，1995：234.

个人的自由发展是一切人的自由发展的条件"①。马克思进一步指出："社会经济形态的发展同自然的进程和自然的历史是相似的。"②

马克思主义就是关于人类社会发展最一般规律的科学，马克思主义关于社会发展理论的基本观点主要有：第一，人类社会是一个有机统一的整体，是由经济、政治、文化等诸多要素构成的完整的社会系统。社会系统内部诸要素之间不是各自独立的，而是相互影响、相互作用并在相互交错运动中共同发展的。其中，生产力和生产关系、经济基础和上层建筑的矛盾构成社会的基本矛盾，在社会基本矛盾运动发展过程中推动人类历史发展进步。社会生产力是人与社会发展中最基本的、决定性的力量，生产力的变革将引起生产关系与上层建筑的相应变革，进而促进人类社会发展进步。第二，人类社会有一定的发展规律，不是任意的、无序的，是由低级到高级逐步推进的发展过程。社会生产力有其运动发展规律，人们不能自由地选择要什么样的生产力，一定社会的生产力是以往历史活动的产物，是一种既得的力量，取决于既定的社会历史条件，人们只能在这一基础上进行超越现有社会条件的实践活动，这是人类

---

① 中共中央马克思恩格斯列宁斯大林著作编译局．马克思恩格斯选集：第1卷 [M]．北京：人民出版社，1995：294.
② 中共中央马克思恩格斯列宁斯大林著作编译局．马克思恩格斯全集：第43卷 [M]．北京：人民出版社，2016：19.

历史的必然联系，进而形成社会发展的顺序性与必然性。因此，人类社会是一个不断发展的、不以人的意志为转移的自然历史过程。第三，在自然经济发展阶段，人们的活动局限于狭窄、封闭的地域范围。在商品经济发展阶段，超越了地域性与民族性的活动范围，进入资本主义社会，生产力发展迅速，市场经济的发展与商品价值交换需求的发展推动世界市场的形成，一切国家的生产和消费都成了世界性的，"过去那种地方的和民族的自给自足和闭关自守状态，被各民族、各方面的互相往来和各方面的互相依赖所代替了。物质的生产是如此，精神的生产也是如此"①。第四，在社会历史发展中，必须确立人的主体地位。人类历史是人类自身生存与发展的历史，因而人是历史主体。在人类社会发展早期，社会生产力极其落后，个人只有结合为群体才能够生存。随着社会生产力迅速发展，人摆脱对人的依赖转向对物的依赖。在资本主义社会，物质至上，以个体的利益为中心，社会发展以牺牲人的发展为代价，人被物所奴役，人的关系被物的关系所取代，人的主体地位被资本主体地位所取代。在未来理想的社会发展状态中，生产力高度发展，社会发展以人的全面发展为最高原则与终极目标，最终人成为社会的主体并成为自己命运的主人。第五，人类社会历史与自然界的历史是统一的。自然界与社会环境是人类发

---

① 中共中央马克思恩格斯列宁斯大林著作编译局. 马克思恩格斯选集：第 1 卷 [M]. 北京：人民出版社，1995：276.

展的前提和基础，人无法离开自然界而获得生存与发展，同时自然界与社会环境又不是外在于人类社会的。从有人类存在以来，人类通过实践活动进行改造自然界的活动，并与自然界进行物质变换，从而满足人的生存与发展需要，自然界就成为人的无机身体。人的活动要遵循自然界的客观规律，但并不完全受制于自然，人通过认识并利用自然规律为自身的生存与发展服务，人与自然达成和谐共生的状态。马克思主义正是从这五个方面对社会发展理论做出了系统的阐述。

在经济学上，发展指一国经济获得或保持国民生产总值高速增长的能力。著名经济学家刘易斯在 1955 年出版的《经济增长理论》中就指出："我们的主要兴趣不在于分析分配，而在于分析增长。"即分析"人均产出的增加"。经济增长通常是指纯粹意义上的生产增长，是以国民生产总值或国民收入等总量指标为特征的经济变化过程。但经济增长出现了社会发展弊端，因而提出包含社会发展内容的经济发展理论。它不仅包含经济增长，还包含经济发展质量、社会福利、教育、医疗卫生等方面的发展。西尔斯指出："调查国家发展情况应提出的问题是：贫困状况怎么样？失业状况怎么样？不平等现象又是怎样？如果这三方面都不是很严重了，那么就这个国家而言，无疑已处于一个发展的阶段了。倘若这三个中心问题中的一个或两个更加严重，特别是三方面都更为恶化，那么把这种结局称作'发展'就是一件怪事，即使人均收入也已大幅度提高。

这方法当然也适用于将来。一个没有包含减少贫困、失业和不平等现象诸目标的'计划'难以被认为是'发展计划'。"除此之外，还要有"适当的教育水平（特别是识字），参与政治事务，并属于一个在经济和政治两方面都真正独立的民族"。①美国未来学家托夫勒则认为："今天世界迅速认识到，在道德、美学、政治、环境等方面日趋没落的社会，不论它多么富有和技术高超，都不能认为是个进步的社会。进步不再以技术和物质生活标准来衡量。社会不会只沿着单一的轨道发展，丰富多彩的文化是衡量社会的标准。"② 托达罗认为，发展不仅是物质现实，而且是精神状况，社会发展应包含至少三个目标：一是提升社会基本生活必需品的数量，扩大分配；二是提高生活水平，增加收入，提供更多就业机会和更好的教育机会，给予个人与国家更大程度的自尊；三是个人摆脱奴役与依附关系，获得更大程度的自由，在社会生活中能够有更多选择机会。③西方一些学者最初只是将发展视为经济增长，而当经济发展模式在实践中出现弊端时，又提出社会发展问题。社会发展观点不是单纯从经济增长出发，而是从整体上研究社会，实际上许多国家的社会发展战略忽视了人的生存与发展需要，这不符合

① 杜德利·西尔斯：发展的含义，载亨廷顿：现代化的理论与历史经验再探讨 [M].上海译文出版社，1993：50—51.
② 托夫勒.第三次浪潮 [M].朱志焱，潘琪，张焱，译.上海：三联书店，1983：28.
③ 托达罗.经济发展 [M].黄卫平，彭刚，译.中国经济出版社，1999：17.

社会基本规律。人作为历史主体，没有人的存在就不会产生社会，没有人的生存与发展的需要作为推动历史发展的内在动力就更不会有人类社会的发展进步。社会发展与人的发展相统一，这种统一性体现在人的发展中，人的发展是社会发展的最高原则与终极目的。因此，要消除以经济增长、财富的增加来代替社会发展和人的发展的物质至上的发展模式，实现以经济增长为核心的发展观向社会全面进步发展观的转变。

社会进步包括社会形态的演进，社会结构的完善，社会关系的变革，社会物质生活、政治生活和精神生活等基本社会生活领域的发展。这种变革与发展是量与质的统一、点和面的统一、暂时性与长期持续性的统一、客体与主体的统一。社会全面进步是指社会进步的整体协调性、均衡互动性、持续稳定性、全面和谐性和内生自主性综合发展状态。社会全面进步意味着社会合乎规律地全面、协调、可持续发展，是社会发展的理想状态。社会全面进步是人的生存与发展的内在要求，以人的全面发展为终极旨归。

社会全面进步包括社会领域的互动发展、社会区域的平衡发展、社会的可持续发展、综合国力的整体发展、社会机制的综合发展、社会主体的全面发展等几个方面的内容。第一，社会各领域的互动发展。社会领域大致可划分为：从社会结构的内容来说，由经济、政治、文化三方面构成；从社会发展的环境和条件来说，由资源、环境、人口三大要素构成；从社会生活的主要方面来说，由生态、社会保障、医疗卫生、科学技术、文化教育、社会治安等构成。社会各领域实现协调发展，从而推动社会整体发展进步。第二，社会区域的平衡发展。从社会空间区域的角度来分析：一是东部地区、中部地区、西部地区相互合作、共同发展；二是城市与乡村一体化发展；三是内地（大陆）与港澳台的互助发展；四是中国与世界融合发展，从而实现社会各区域互动均衡的发展。第三，社会阶段性目标与总体性目标相统一的发展。社会发展的不同历史时期具有不同的阶段性特征，特定历史时期社会主要矛盾不同，需要解决的历史任务也不同，但不能脱离社会发展的总体性目标，阶段性历史任务是为总体性目标的实现创造条件。不同历史时期根据时代主题与历史任务的不同而具有不同的目标，这是一个前后相继并稳定持续发展的过程，进而推动人类历史向前发展，社会全面进步。第四，社会机制的综合发展。社会机制的不断完善能够有效地维护社会各领域、各层次、各方面诸要素有效运行，从而有助于社会的发展进步。第五，社会主体的全面发展。社会发展不只是经济、政治、文化等方面的发展，更应该是作为社会主体的人的发展。

衡量社会发展的标准体现在两方面：一方面是客体尺度，即社会经济、政治、文化、生态等社会各方面综合的发展指数，从社会各领域、多方面、多层次广泛而全面地综合反映社会发展全貌；另一方面是主体尺度，即人的发展水平，社会全面进步是人的全面发展的必要前提条件，人的全面发展外化为社会的全面进步，人的发展程度反映出社会发展的水平。归根结底，社会全面进步是由人的发展表现出来，要通过人的发展水平和人的生活幸福指数来衡量与确认。如果社会发展过程中的社会变革活动、社会制度的制定等无益于人的发展，那么这将不是社会进步。因此，要从人的发展水平来把握社会整体的发展状况，人的发展程度体现着社会经济、政治、文化、生态等方面的综合发展状况，是衡量社会进步、划分社会发展阶段最根本的尺度。

社会发展的根本目的是追求人的发展，人类推进社会进步的内在动力是为了实现人自身的生存与发展，因而这意味着人的发展是社会进步的最高目标。以人的发展作为衡量社会进步的尺度，人的发展基本上反映社会形态的演进、社会发展阶段的划分、社会的整体特征。人的发展体现为人的素质全面发展、社会物质生产能力以及精神财富的创造能力提升、社会交往活动的范围广泛、社会关系丰富发展等涉及社会发展的各领域、各方面、各层次，体现人在社会经济、政治、文化等方面的活动能力，人的发展具体外化为社会发展各项综合指标。这就意味着，人的发展的每一方面内容都直接或间接地显示出社会进步状态。人的本质力量的发挥与完善，体现着社会物质文明、政治文明、精神文明等方面的不断进步，因而只要实现了人的全面发展，就必然意味着社会得到了全面发展。

人的发展是一个持续而又长远的过程，社会发展综合表现人的发展，但这种表现并不是立即直接形成的，而是在社会各部分的发展达到一定程度才能够体现在人的发展上。而人的发展每推进一步，如人的依赖关系到物的依赖关系再到人的自由个性的发展，都表征着社会形态的演进及其发展进步进程。因此，人的发展的历史过程蕴含着并显示着社会发展的历史过程。

人的发展贯穿于社会发展的始终，因而可以持续地作为衡量社会发展的尺度。在社会发展早期，人类缺乏认识并改造自然与社会的能力，生产力极其低下，人类的生存与发展更多依赖于外部环境条件，人们主要是进行改善外部条件的活动，这一时期社会发展主要以外部条件的变化为标志。随着生产力的逐渐提升，社会不断发展，人的生存与发展所需的外部基本条件已具备，人们逐渐更关注自我发展与自我完善的问题，人的发展成为人自觉追求的社会发展目标，并成为衡量社会发展的标准。社会发展受主体认识与实践活动能力的影响，主体的主观能动性是动态发展的，在不同的历史时期对社会发展具有不同的影响作用。人的存在及其活动创造了社会，社会的全部内容是人的生存与发展活动的结果，任何历史时期的社会发展及其整体特征都可以通过人的发展表现出来，因而人的发展是社会发展的本质内涵并贯穿于社会发展的始终，是衡量社会发展的永恒尺度。

二、社会全面进步的基础

（一）社会全面进步的基本决定因素

社会全面进步是人类共同关心的问题，是一个复杂的历史发展过程，体现在经济发展、社会关系进步、政治民主化提升、精神文化繁荣、人民生活幸福等多方面。这些诸多方面的发展正是社会整体发展进步的具体体现，社会发展的倒退和反动只能带来社会各方面发展落后与退步。

社会生产力是社会全面进步的最根本条件和决定因素。社会全面进步推动生产力的发展，同时生产力的发展又能够推动社会的发展进步。衡量社会全面进步的标准是多方面的综合因素。判断一个社会发展进步程度归根到底是生活于其中的人民的状况。没有人的存在就不会有社会的产生，没有人的生存与发展需要社会发展就没有内在推动力，没有人的劳动实践活动就不会有社会生产力的发展。因此，社会生产力的发展不以人的发展为目的就会阻碍社会全面进步，从而导致社会畸形发展。人们衡量社会进步的尺度必然与人们奋力争取社会进步的目的直接相关。在不同的社会发展阶段，由于社会主要矛盾不同、历史任务不同，衡量社会进步的尺度也会有阶段性特征，最终目标具体化为每一发展阶段的小目标，这些阶段性小目标成为具体的衡量尺度，每一阶段社会发展的衡量尺度都为最终目的而服务，这体现出社会发展的阶段性与总体性相统一。

马克思主义者的最终追求是实现共产主义的理想社会状态。在这里，社会的根本价值取向是全人类的彻底解放，也就是说社会发展的必然归宿是人本身。马克思在《资本论》中指出共产主义是"以每个人的全面而自由的发展为基本原则的社会形式"①。恩格斯认为社会主义"通过社会生产，不仅可能保证一切社会成员有富足的和一天比一天充裕的物质生活，而且可能保证他们的体力和智力获得充分的自由的发展和运用"②。列宁指出，我们建立新的更高的社会生产方式，是为了"保证社会全体成员的福利和自由的全面的发展"③。社会发展进步实际上是人追求生存与发展需要的结果。社会发展进步是历史的必然性，社会发展道路是艰难曲折的，但趋势是螺旋上升的，人类历史发展的总过程是前进的。因此，人作为社会主体，人的活动本身是以人的生存与发展为目的，人的发展程度必然成为社会进步的衡量标准，主体既是目的本身又是价值尺度，作为主体的人成为社会发展最普遍的价值尺度。

马克思所设想的共产主义社会是理想的社会形态，人的自由全面发展是社会发展的最终归宿，社会进步以人的发展程度为尺度。社会制度只有符合人的自由全面发展规律，才能使人

---

① 中共中央马克思恩格斯列宁斯大林著作编译局. 马克思恩格斯选集：第 2 卷 [M]. 北京：人民出版社，1995：239.
② 中共中央马克思恩格斯列宁斯大林著作编译局. 马克思恩格斯选集：第 3 卷 [M]. 北京：人民出版社，1995：633.
③ 列宁. 列宁全集：第 6 卷 [M]. 北京：人民出版社，1959：37.

的创造性得到充分的发挥，从而推动社会生产力发展并促进社会各领域的提升和完善。如果社会制度阻碍人的发展，就将限制人的创造性的发挥，成为人的发展的桎梏，进而阻碍社会生产力的进一步发展以及社会的发展进步。如果在一定的历史条件下，一个社会能够实现人的本质力量的发挥、提升与完善，这就是一个进步的社会。社会生产力决定着社会制度的改革，并受一定的生产方式及在生产方式基础上建立的社会意识的制约。社会生产力水平作为最基础与最根本的决定力量，虽然不是即刻实现人的全面发展，但能为人的全面发展创造物质条件，人的发展离不开社会生产力的发展进步。同时生产力的发展只有以人的发展为目的才能够推动人的全面发展与社会进步，而不是用于剥削、掠夺和侵略。在一定的历史时期，生产力的高速发展以牺牲一部分人的发展为代价，这是社会发展必经的历史过程，在这一时期社会生产力的高度发展并没有带来人的全面发展，特别是在剥削阶级统治的社会中，使人畸形片面的发展。因此，生产力的进步是人的全面发展的必要因素，但并不一定会必然推动人的全面发展。只有将发达的生产力与共产主义社会相结合，生产力才是以人的全面发展为价值目标，并为人的全面发展提供现实基础。

在现代资本主义社会中，资本主义"新工业革命是把双刃刀，它可以用来为人类造福，但是，仅当人类生存的时间足够长时，我们才有可能进入这个为人类造福的时期。新工业革命也可以毁灭人类，如果我们不去理智地利用它，它就有可能很快地发展到这个地步的。……（许多人）已经意识到新技术给社会带来的威胁，已经意识到自己在经营管理上应尽的社会义务，那就是要关心利用新技术来为人类造福，减少人的劳动时间，丰富人的精神生活，而不是仅仅为了获得利润和把机器当作新的偶像来崇拜。我们面前还有许多危险，但是善良愿望的种子也在生根发芽"①。资本主义生产力的发展导致了人的危机感，"作为科学家，一定要知道，人所追求的种种目的是什么，甚至当我们一定要使用军人或政治家的知识时，也不能忘记这一点，不能忘记我们为什么控制人，领导人"②。这意味着人的一切行为活动都是以实现人的幸福为目的，不是单纯为了科学的发展、生产的提升等外在于人的目的。当社会生产力和社会物质财富还不充足时，首要的就是要发展生产力、增加物质财富，这时以生产力为尺度的发展忽视人的发展，生产力实现高度发展反而使人畸形片面发展。如果发展不以人的生存与发展为目的，便不会有持久的良性循环上升的发展。

以人的全面发展为尺度的社会主义制度从根本上比资本主义制度具有优越性，正如邓小平同志所说："社会主义的经济是以公有制为基础的，生产是为了最大限度地满足人民的物

---

① 维纳. 人有人的用处［M］. 北京：商务印书馆，1978：131—132.
② 维纳. 人有人的用处［M］. 北京：商务印书馆，1978：150.

质、文化需要，而不是为了剥削。"① 社会主义在发展生产力、促进经济增长的同时，避免资本主义的弊病，使社会生产力的发展以人的发展为尺度，发展造福于民，一切为了人民幸福。

（二）社会全面进步的基本动力

在国家向现代化发展的进程中，人是一个基本的因素。"一个国家，只有当它的人民是现代人，它的国民从心理和行为上都转变为现代的人格，它的现代政治、经济和文化管理机构中的工作人员都获得了某种与现代化发展相适应的现代性，这样的国家才可真正称之为现代化的国家。否则，高速稳定的经济发展和有效的管理，都不会得以实现。即使经济已经开始起飞，也不会持续长久。"② 科学技术水平的高速发展，社会的快速转变，经济全球化的到来，网络信息高速公路的出现，社会生活各领域都发生新的变化，对人们的生产方式、生活方式和思维方式产生了重大影响。只有人的现代化基本实现，人们的思想和行为与现代社会生活以及未来发展趋势相适应，社会的现代化才能够真正得以实现，人的现代化与社会现代化是相互作用、相互促进的发展过程。

人的生存与发展需求是社会全面进步的内在力量。人只有在物质生活需要下才会进行物质生产活动，政治需求推动人的

---

① 邓小平. 邓小平文选：第 2 卷 [M]. 北京：人民出版社，1994：167.
② 英格尔斯. 人的现代化 [M]. 殷陆君，译. 成都：四川人民出版社，1985：8.

政治活动，文化需求才会有各种文化活动。人的存在及其需求是社会全面进步的前提条件和内在力量。同时人的需求是发展变化的。马斯洛将人的需要划分为生理需要、安全需要、社交需要、尊重需要以及自我实现需要这五个层次。正是人的需要的不断深化、由低层次到高层次的发展推动着社会各领域的发展与完善，社会发展目的是满足人的不断发展的需求。人的需求的方向在哪里，预示着社会发展的趋向。人的生存与发展的需要正是人类社会发展的原动力，是社会全面进步的基本条件。

西奥多·舒尔茨认为："人们普遍认为，国家贫穷主要是因为它们极端缺乏资本，而且，追加资本正是它们更迅速地取得经济增长的关健。我认为，仍然需要重视资本的特殊类型方能求得这种协调。向这些国家提供的新的外国资本通常被用于建筑物、设备，有时也被用来购置存货，而一般不被用来增加人力投资。因此，人的能力没有与物质资木保持齐头并进，而变成经济增长的限制因素。"① 这体现出人力资源的重要作用。人力资源代表劳动力的数量和质量，也等同于劳动资源或劳动力资源，是在一定范围内占人口总体的具有劳动能力的劳动者的总和，是一种国民经济资源。人是社会生产得以运转的首要因素，人力资源是社会得以发展进步的核心要素，是创造物质

---

① 舒尔茨.论人力资本投资［M］.吴珠华，译.北京：北京经济学院出版社，1990：8.

财富与精神财富最积极、最根本的生产力要素，是推动社会变革必不可少的主要力量。而人力资源数量与质量分别代表劳动力人数的多少和劳动力体质与智力即劳动力素质，人力资源正是这二者的统一。因此，体质、智力、知识、技能这些品质是人力资源所要具备的最基本的素质。具体来说，人力资源要具备进行劳动活动的身体素质，具备一定的经验与理论认识事物并运用知识从事劳动活动、解决问题的能力：具备规范、系统、合理熟练地进行劳动活动的技能。人力资源作为社会主体只有充分发挥主观能动性，在生产活动中发挥创造能力，提升科学技术水平并利用科技力量为人类造福，在不断地认识并改造自然与社会中满足人自身的生存与发展需要。"唯有人类素质和能力的发展才是取得任何新成就的基础，才是通常所说的'发展'的基础。"①

　　人作为历史主体，自然与社会诸要素的发挥都无法离开人的存在及其历史活动。人类生存的环境条件，以及人类所面临的现存问题或未来发展，这些始终是由人类本身来决定的。人类生存与发展于社会的经济、政治、文化等社会环境条件以及自然环境条件中，人的素质直接影响人的本质能力的发挥，这对社会生活各领域的发展水平以及改造与利用自然的程度产生决定性的重要影响。这就意味着人力资源作为重要的现代科技

---

① 佩西. 人类的素质 [M]. 薛荣久，译. 北京：中国展望出版社，1988：183.

力量，作为社会全面进步的根本动力，在推进自然与社会环境条件发展中具有重要地位。因此，必须重视发展教育，加强人力资源建设，不断地提升与完善人的本质力量，充分发挥人的主观能动性，推进科学技术的进步与创新，从而使人的创造物质财富与精神财富的能力不断增强，为人类的生存与发展创造更好的自然环境条件与社会环境条件，满足人的全面发展需求。

（三）社会全面进步的协调力量

社会发展过程中可能会产生各种不协调的力量，如果没有及时进行调整而任其自由发展，将阻碍社会的发展进步，导致社会畸形片面发展，因而主体必须校正社会的发展方向，进而不断地推进社会的全面发展。

人的生存与发展需求是社会发展的内在动力和前提条件，但只有人的合理需求才能够推动社会的发展，而不合理的需求不利于社会发展，甚至导致社会发展停滞、倒退。这意味着"从长远观点和全球范围来说，需要是相对于满足这种需要的可能性而言，因此，人类的需求必须服从于合理满足这种需求的可能性，否则只会引起混乱和导致挫折。用更深奥的术语来说，它意味着人类素质和能力的发展是使人类需求合理化和有适度希望满足这些需求的必需条件"[1]。现代化工业社会的发展模式带来诸多社会发展和人的发展的问题，这正是人类不合

---

① 佩西. 人类的素质 [M]. 薛荣久，译. 北京：中国展望出版社，1988：182.

理需求以及不正当行为的直接产物。因此，人类的需求应符合客观规律，主体的选择要符合客观可能性，从而避免产生对社会发展和人的发展不合理的、不利的需求，推动整个社会健康协调发展。

社会发展最容易出现的不协调现象是经济增长与社会发展不平衡，最直接的原因是人的认识与活动水平的局限，人类无法正确认识和处理人与人、人与自然、人与社会的关系，从而导致社会畸形片面、失衡的发展状态。因此，可以说出现的一切社会发展问题都是人本身的问题，人作为社会主体，人的存在及其活动是社会的全部内容，社会发展状态是人的需要及活动的外在表现。佩西以积极肯定的态度表达了人类发展的前景，"在保持均衡的思想逐渐占据人类思想领地的同时，人类思想的另一个进步是承认人类本身还另有一个衡量均衡的基本尺度。人类在某些最低限度的生活需求和物质利益得到满足后，又提出了一系列范围广泛的其它需要和欲望，渴望舒适安全，追求信仰、自我完善、社会地位和那些通常称为生活质量的东西。发展一词通常含有合理满足人类所有这些要求的意思"①。因此，解决社会问题的根本在于人自身，只有人类的认知不断地提升、人的本质力量不断地完善才能够提出合理化的需求并调整人的行为模式，进而对社会发展问题做出调整，

① 佩西. 人类的素质［M］. 薛荣久，译. 北京：中国展望出版社，1988：181.

促进社会各领域整体保持协调与均衡发展。

三、社会全面进步的原则

社会全面进步不是一蹴而就的，而是需要通过几代人的不懈努力来实现。我们只有坚持社会全面进步的基本原则才能解决社会发展与人的发展过程中出现的问题。

（一）整体协调性原则

社会发展各领域、各方面、各层次是一个有机统一整体，各部分既相互独立又相互协调、配合，从而有效地推进社会全面进步。因此，在社会发展中必须从社会整体性的全面发展的视角出发，重视在社会各领域、各方面、各层次之间的协调、联动中推进整个社会的发展。在这里，社会这一整体性并不是僵死的、固定不变的，而是由各部分相互协调有机构成的充满活力和生机的整体。社会整体的存在和顺利运转要以社会各部分的存在及其协调发展为前提条件，而离开整体的各部分相互独立发展是没有意义的，这一状态也无法持久维持下去。但是，社会全面进步并不意味着社会各部分都是整齐划一、同步发展，在不同程度上各部分之间的发展可以有先后上的区别，同时在相互协调、相互促进中推动社会整体的发展。早期社会发展中，由于生产力落后、经济发展缓慢、人民生活贫穷，所以将重点放在经济发展上，主要是为了满足人民的基本物质生活需要。社会发展以优先发展经济的方式来提升人民群众的生活水平，将重点放在经济增长上而忽视了社会政治、文化等方面的发展，从而导致人的发展受限制。单纯的经济增长并未能惠及至全体社会成员，导致社会贫富两极分化，滋生腐败和政治动荡。因此，单一的经济发展模式到一定阶段将会阻碍社会发展和人的发展。

当经济发展到一定阶段，就要开始注重社会其他领域的发展，推进经济、政治、文化、生态等方面协调发展。整个社会是由多领域、多方面、多层次构成的，经济基础为社会其他部分的发展奠定了前提条件，因而当经济发展水平达到一定程度时应关注社会其他各方面的协同发展，只有这样才能进一步推进经济发展，形成整个社会体系的良性循环，否则经济就不会有稳定发展，甚至会出现停滞、倒退，从而阻碍社会发展和人的发展。如果没有社会经济、政治、文化、生态诸方面的协调发展，将不可能实现社会全面进步。因此，必须使社会各部分保持整体协调发展。

（二）互动均衡性原则

一个国家内部各地区与各部门相互制约、相互影响，而在全球化的世界里，一国的发展离不开与整个世界的联系与交往，所以必须实行开放政策才能促进发展，地区之间经济社会的发展也必须相互开放，相互学习优秀的文明成果，封闭只会导致落后。因此，只有相互开放、相互学习才能够相互促进，进而发展与丰富自己，推动社会全面进步。发展是所有国家的事情，全球必须采取联合行动。发展中国家社会经济文化相对落后以及环境问题显著，这并不是发展中国家自己的原因，也不是一个国家自身的问题。发展中国家作为整个世界不可分割的组成部分，其长期落后的形势也会阻碍世界的和谐发展，对发展带来诸多不利因素。因此，发达国家要承担起促进发展中国家的发展以及改善全球环境的重要责任。同时，发达国家自身也存在诸多问题，如金融危机、能源危机、贫富分化、生态破坏等问题。随着世界经济一体化、环境问题全球化，世界作为一个整体相互依赖、相互影响，解决这些问题的关键在于发达国家与发展中国家相互合作、共谋发展、相互促进，进行全球性行动，从而使整个世界到每一个国家都得到进一步的发展，才能拥有更美好的未来。

此外，还要不断提升内生自主性。虽然社会全面进步要在一定的外部环境条件下才能实现，但同时需要社会内部形成积极能动的向上的力量，能够不受外力干扰而自主地选择发展道路，单纯依赖外界条件来推动本国发展不可能有长久稳定的发展，依赖性越强就越是被动，社会发展的不确定性就越强、风险越高，这不能确保发展方向的正确性。因此，不断提升内生自主性是实现社会全面进步的重要保证。在全球化的今天，整个世界具有开放性，任何一个国家都不可能单独获得生存与发展，必然将依赖于其他国家，正是在开放与合作中彼此相互依赖、相互联系、相互作用中获得共同发展。因此，每个国家都将要卷入整个世界市场的体系中建立广泛的世界性联系，发展是不可能孤立于世界经济与社会之外。与此同时，在对外开放中，国家要保持独立自主、自力更生，主宰本国权力，通过吸收与利用其他国家优秀的文明成果，借鉴经验，引进资金和科技成果，将其消化吸收形成自我发展的力量，不断提升自主内生力量，从而创造出适合本国自身基本国情的发展模式。事实表明，在现代化过程中，发展中国家绝不可以照抄照搬发达国家的社会发展模式，每一个国家都有自己特殊的基本国情，也就是每个国家的历史文化传统、资源环境、社会政治经济基础等条件各不相同，因而必须通过自主选择创造出适合本国社会发展的模式。内生自主性强调国家内部的发展力量，通过与外部合作并引进和吸收世界文明成果，国家内部社会成员将外部输入成果转化为自我发展、自我实现的能力，进而在广泛参与社会政治、经济、文化、生态等各方面建设中提升全面的自主性，实现外部输入与内生自我发展力量相统一。

社会各部分是动态发展的，而不是固定不变的，各部分之间相互作用、相互影响，每一部分的运动发展都会影响和制约其他部分的发展，因而社会各部分之间是相互均衡的发展状态。这种均衡发展趋势被打破，整个社会将会陷入混乱无序状态，甚至停滞或倒退。因此，必须注意社会各领域、各方面、各层次之间的互动均衡性，确保社会各部分发挥最大合力的作用来推动社会全面进步。

(三) 持续性原则

社会在不同历史阶段的发展过程中，坚持持续性原则，上一代人的发展不能以牺牲下一代人的利益为代价，持续发展为子孙万代造福，注重历史的延续性，前后相继。

社会全面进步表现在整个社会各领域、各方面、各层次协同联动、互助均衡发展，从而使社会各部分和社会整体实现持续稳定的发展。也就是说这种发展是长久持续的，是一国甚至全世界范围子孙万代的繁荣进步，而不是昙花一现的繁荣，不是一定的区域范围内一部分人的发展。同时这种发展不是跌宕起伏的发展，而是持续稳定的螺旋上升式发展趋势，为人的生存与发展创造了更充分、更完善的社会环境条件，促使人民生活更加幸福。如果某一特殊利益团体追求短期爆发式经济增长、急速式社会发展模式，这将必然导致社会经济、政治等发生巨大波动，在推动发展的同时也造成各种社会问题的产生。因此，只有遵循持续性原则，坚持社会发展的持续稳定性才符合社会发展规律。

现实中有诸多社会发展现象违背了持续性原则。例如，单纯追求经济增长的粗放、掠夺、破坏的发展模式，造成严重的资源浪费、环境污染、人口数量失控和人的素质下降；各国频频出现政治动荡、经济波动、社会危机；地区性的战争与冲突不断发生等。这一系列发展问题都是由于在发展过程中违背持续性原则而产生的后果。这些问题的出现都向人类警示了社会发展要坚持持续稳定性，一切发展计划与活动都要从人类生存与发展的立场出发，不能以损害人类的根本利益以及长远利益为代价来谋取暂时的局部眼前利益，以全人类发展的广阔前景为发展目标符合社会发展规律，社会才能获得长远持久的发展进步。

（四）全面和谐性及主体性原则

社会发展过程中，从主体战略目标的选择、内容的制定、实施的过程和预测的结果应做到全面和谐、连贯一致，抓住社会主要矛盾，而不能偏离社会发展的宗旨和根本目标，这是社会全面进步的必然要求。否则，就会在目标实施过程中出现社会各部分之间发展不和谐，偏离目标越来越远，有失于社会发展根本宗旨，缺乏社会发展的连贯性，进而促使发展出现断层，甚至出现停滞、倒退的现象。在社会发展早期，由于生产力落后，经济发展水平低，物质匮乏、资金短缺，人民生活极端贫困，因而社会发展战略目标以发展经济为中心，只关注单纯的经济增长、资本积累、增加商品价值、提高经济效率，只满足于物质欲望，而忽视了人的发展，忽略了人的价值力量及其精神生活，社会分配上有失公平正义，人被看作获取物质财富的工具和手段，偏离了社会发展的目的本身是人的发展，人才是社会发展的最终归宿。由于只关注经济建设而忽视了社会其他方面的发展，导致精神文明落后、理想信念缺失、道德失范等现象。因此，单纯地以经济发展为目标的社会不会得到长久稳定的发展，发展到一定程度必然会阻碍社会的进一步发展，永远无法达到社会全面进步的状态。社会发展应以人的发展为根本目标和内生动力，人是创造社会的主体，人的生存与发展活动本身就是社会发展的全部内容，社会的存在以及社会发展正是为了给人的生存与发展提供更好的环境条件，促进人的全面发展，人的生存与发展本身是人类创造社会、发展社会的初衷。因此，应肯定人的价值在推动物质生产力以及社会其他方面发展中具有的重要地位，人是社会发展的核心要素和前提条件，必须注重人的本质力量的全面提升与完善，最终实现人的全面发展、生活幸福。

事实表明，单纯物质富足并不会直接促进人的本质力量得到提高与完善，也并不会伴随人的精神富足，反而会成为人的全面发展的桎梏，因而必须扬弃见物不见人的社会发展理念。如果社会发展不能满足人的生存与发展的合理需要，一个民族不能生成为现代文明主体，整个社会不能均衡协调各领域、各方面、各层次的发展，处处束缚主体的本质力量的发挥与完善，即便是生产力发达、社会发展达到高水平，失去主体性的发展将是暂时的、没有意义的发展，终将被更先进的以人的全面发展为根本目标的社会形态所替代。

人民群众是历史的创造者，社会全面进步是需要全体人民群众共同参与和支持的事业。如果没有广大人民群众的积极参与，仅凭少数人的影响作用无法实现长远又艰巨的历史任务。

只有人民群众充分发挥其主动性与创造性，广泛参与，汇集民智，才能有社会全面进步事业的发展。因此，社会全面进步是人民的事业，社会发展要以满足人民多方面、多层次的需求为出发点，社会的战略目标与各项政策要保障人民的合法权益，最终价值指向人的全面发展。总而言之，社会全面进步归根到底要看一个社会所坚持的理论、路线、纲领，以及各项方针政策是否有利于发展社会生产力、增强综合国力、提高人民的生活水平。邓小平还提出，要以"人民高兴不高兴""人民答应不答应""人民拥护不拥护""人民赞成不赞成"作为制定各项方针政策的基本原则。人民是社会的主体，人民的创造活动是为了满足人自身的生存与发展需要，偏离人的全面发展的现代化社会建设不是人民所向往和需要的，脱离人的全面发展一切发展都将失去意义，也不会长存。

第三节　人的全面发展与社会全面进步一致的趋向

社会全面进步的实现过程实质上也是人的全面发展过程。人的发展是社会全面进步的内在动力，人是社会全面进步得以实现的主体力量，社会发展为人的发展提供客观现实基础，人的全面发展是社会全面进步的价值目标，人的全面发展与社会全面进步相互影响、相互作用，二者在相互促进中实现共同发展。人通过全面发展自身的本质力量而科学地把握自然规律与社会发展规律，从而能够认识世界并改造世界，推动社会的发展与进步。社会在更高程度上的发展又能够为人的发展创造更有利的环境条件，推动人的进一步发展。人类不断地创造全面的、合理的、更先进的社会条件，归根到底是为了追求自身的生存与发展，实现人的全面发展。社会发展与人的发展的统一关系都体现在人的发展上，最终以实现人的全面发展为价值目标。

一、人的全面发展是社会全面进步的必然前提

（一）人类谋求生存与发展的本性要求社会全面进步

人自始至终都在不懈地追求自身的发展，一方面是自身的内在本性，另一方面是外部环境的生存与发展条件的压力，人的发展是内外因相互作用的结果。人的发展不仅是人为了改善生存条件、追求更美好的生活，也是人为了追求生命意义和精神需求的满足。人类自觉追求的理想社会本质上是追求人自身的全面发展，而全面发展的社会实质体现在人的全面发展上，"社会的发展就是人的发展和为人的发展"①，这是人的发展之上的社会发展。人类自觉地推进社会全面发展与进步的根本动力是为实现人类自身对更美好生活的追求以及人的全面发展的

---

① 徐春. 人的发展论 [M]. 北京：中国人民公安大学出版社，2007：177.

理想状态。社会物质财富的增长与精神文明的发展最终都是为了人的全面发展，离开人的发展社会在各方面的发展都没有任何意义，人的发展是社会发展的应有之义和内在要求。社会发展的一切成果是人的能力发展的具体展现，社会文明的发展程度是人的素质发展程度的反映，人的发展是一种综合状态，集中反映社会发展的实际水平与总体状况，社会能否发展以及发展程度如何最终取决于人的发展程度。因此，社会发展的总体趋势与终极指向是人的全面发展。①

原始社会到文明社会的跨越是社会平等关系到等级关系的转变，这种变化主要体现在经济地位、社会身份上的不平等关系。以血缘关系为纽带的原始社会统一共同体随着生产力的发展与社会交往范围的扩大衍生出不同的共同体即国家，又进一步演变为不同的阶级，在阶级社会中统治阶级占主导地位，从而形成一部分人压迫另一部分人的社会，人与人之间的原始社会平等关系被打破。在资本主义私有制条件下的阶级社会中，物役与异化关系使资本成为社会主体，社会以追逐资本增值与个人利益最大化为价值目标。商品经济的发展要求商品交换以自由平等的关系为基础，只有保障个人自由平等的地位社会才能有序发展，这推动了人的自由平等意识觉醒，进而使整个社

---

① 朱荣英. 马克思人的全面发展理论的逻辑理路及其价值旨归：兼论促进人的全面发展是中国特色社会主义的最高命题［J］. 河南大学学报（社会科学版），2018（2）.

会开始致力于自由平等社会的构建。商品经济的发展促进了社会的发展与文明的进步，但也带来无法克服的社会问题，周期性的经济危机、社会的两极分化、民族主义至上等问题频频爆发，阻碍人类的解放与全面发展进程，背离了人的生存与发展本性。

在人类历史发展中，从最初所有社会成员的普遍贫困发展到以牺牲大多数人的利益为代价的少数人的富裕，到现在将普遍富裕的理想照进现实的共同富裕目标的实践进程，这一历史发展趋势正是人的生存与发展本性的必然性。在人类文明不断推进过程中，人类本性的内在要求将会得到更全面彻底的展现。实现社会全面进步是人类追求的共同目标，是人类奋力追求的现实目标，是人类本性的内在要求。人的社会本性要求在个人与他人交往、合作关系中谋求社会全面进步，人类在彼此合作与服务中使所有社会成员达到普遍自由和普遍发展。因此，社会是人类为了更好地生存与发展而组成的共同体，这种共同体是属人的、人为的，并且是为人的，共同体的目的是为全体社会成员实现人的全面发展而创造有利条件，这种社会的本质是由人类谋求生存与发展的本性决定的。①

以往认为人的发展是包含于社会发展之中的，社会发展必然会带来每个人的发展，在很多时候将社会发展归结为物质文

---

① 江畅，魏敏.共同富裕的哲学理据［J］.思想理论教育，2022（3）.

明与精神文明的发展，或者经济、政治、文化等方面的发展。实际上，人的生存与发展需要是人类社会一切活动的内在动力，人类改造自然与社会的一切成果都是人的本质力量的外化。社会的每一步发展进程都是主体选择与改变的结果，因此，可以说社会主体的发展水平决定了社会发展程度，人的全面发展是社会全面进步的根本力量。西方发达国家现代化过程中的成功经验以及发展中国家进行现代化建设的失败教训证实了，当人的主观意识和精神被禁锢在落后的传统意识中，在人还尚未实现现代化之时，社会的现代化发展进程必然会受到阻碍。"人的现代化是国家现代化必不可少的因素。它并不是现代化过程结束后的副产品，而是现代化制度与经济赖以长期发展并取得成功的先决条件。"①

　　社会全面进步是人的生命活动的结果，是人在认识并改造自然过程中不断提升与完善其本质力量的基础上逐步实现的。这主要体现在：一方面，社会生产力是人与自然的物质转换关系中不断提升的实践能力；另一方面，社会生产力是社会生产关系及其上层建筑的决定性因素。这说明了人的本质力量的状况决定着社会生产力水平，人作为社会主体决定社会的运行方式及其发展程度，人的实践活动是社会存在与发展的全部内容。因此，要不断地实现主体的解放与发展，充分发挥和完善

---

① 英格尔斯. 人的现代化 [M]. 殷陆君，译. 成都：四川人民出版社，1985：8.

主体的本质力量，必须意识到社会发展过程中如果主体缺失，发展将失去根本动力，这必将导致发展无法进一步推进。社会发展要充分调动主体全面参与社会建设活动的积极性，满足主体不断发展的各方面需要，维护主体的权利，保障主体的利益，只有依靠主体的参与和支持才能不断推进社会的发展进步。

（二）人的全面发展是社会全面进步的主体条件和决定力量

社会发展是人有意识的活动的结果，人根据自己的意愿和能力设定目标、任务，并在现实的活动中推进社会发展。社会发展的不同阶段，随着人的不断发展，人的需求不断变化，社会发展的主要矛盾也不同，人也会不断地调整社会目标与任务，从单一的经济增长目标到经济发展与社会发展协调并进的目标，从以物为中心的发展到以人为本的社会发展目标①，这是人通过对社会发展方向的调整来满足自身发展需求的历史过程。人是社会发展的主体，人的发展水平决定了社会发展的程度，人的这一社会主体地位决定了实现全面发展的社会的前提是首先要有全面发展的人。中国改革开放以来，人民在一定程度上得到史无前例的自由选择和发展的空间，社会流动范围与流动机会增多，这极大地挖掘了社会蕴藏的发展潜能，社会生产力获得巨大的解放。之所以取得这一成就，正是因为社会为

---

① 王忠武．人的全面发展在当代中国社会发展中的地位和作用［J］．天津社会科学，2002（3）．

人的全面发展提供了有利的空间，人的发展潜能得以最大限度的开发，反过来人的发展又为社会发展积蓄了巨大的推动力量。

人是社会全面进步的主体，人的发展水平决定社会发展程度。人的全面发展是社会全面进步的必然前提，离开人的全面发展就无法实现社会全面进步。人的发展的全面性反映社会发展的全面性，社会发展的现实内容是人的活动的结果，人在社会发展实践中创造的物质文明、精神文明、生态文明等一切文明成果是主体能力的具体展现。只有人的发展才能够认识并利用自然与社会发展规律，合客观规律性与合主观目的性相统一中科学地促进社会发展。人的发展的主客观条件，人的需要的发展及其满足程度，人的社会关系发展及其全面、丰富与和谐程度都是社会发展水平的具体体现。

人在推动社会发展的过程中必须依据当下现实社会条件和大多数社会成员的整体需求，以此来设定合理的社会发展任务。这就需要人有科学的思维方式、健全的知识结构、较高的综合素质，具备正确选择与判断的能力，进而做出合理的社会发展决策。全面发展的人才能建设全面发展的社会，从而推动社会整体发展与文明进步。因此，人的全面发展是社会发展的必要价值取向，如果没有人的能力的全面发展，就不会有社会各系统整体的文明进步。只有全面发展的人才能激发社会创造力和活力，离开人的全面发展就无法实现社会全面进步。社会应该给人民提供自由自主发展的空间以充分激发人民的潜能，只有每个人释放出自己的潜能才能激发出社会最大的创造力与活力，从而获取社会发展的支撑力量。

人的全面发展是解决社会发展问题的根本途径。社会发展问题归根结底是人的发展问题，社会是政治、经济、文化、生态等领域的整体系统，人的活动推动社会具体内容的发展，社会发展问题诸如生态问题、社会公平正义问题、贫困问题、地区差距问题等必须通过人的素质的全面提升才能从根本上得到解决。一切社会发展困境的有效解决途径是发展人，大力发展教育，增强人的科学文化素质和法律道德观念。因此，人的全面发展是社会发展的推动力量，没有人的发展就没有社会的整体发展以及人类文明进步。社会每一阶段的发展都是由人主导而努力推进的结果。人的能力不断提升，使人的需求与思想观念也发生变化，进而调整社会发展方向来为人自身的发展服务，因而人的全面发展是社会发展的主体力量和动力源泉。

（三）社会全面进步是人的全面发展的外化

人的生存与发展的活动是社会全面进步的全部内容，人们进行经济、政治和文化等的建设活动归根结底是为了人自身的发展，人的发展是社会发展的根本目的。人类的一切创造活动都以发展人类自身为出发点和落脚点，正如马克思所言："人类全部力量的全面发展成为目的本身。在这里，人不是在某一种规定性上再生产自己，而是再生产出他的全面性。"① 古希腊哲学家普罗泰戈拉曾说过"人是万物的尺度"。因此，人的目的是人本身，人的发展进程外化为社会的发展，只有人的全面发展才能够推动社会全面进步，同时人的全面发展是衡量社会全面进步的尺度。

人为了提升自己的物质生活水平而进行经济建设活动，从而推动物质生产基础上的社会发展进步。人无法离开衣食住行等基本物质需要而生存，不能脱离物质生产所创造的发展资料而获得发展，离开物质生产成果更不可能获得生活享受。要想为人类的生存与发展创造更好的物质条件，必须进行组织社会生产的经济活动，因而人类的实践活动本质正是物质生产活动。人类通过进行社会生产的经济活动创造物质财富，从而为人类的生存与发展、享受创造更高水平的物质条件，这就意味着经济建设是人的生存与发展、享受的一种手段，物质财富的创造是为了为人所用。

人为了提升自己的政治生活水平以及参与社会生活的能力而进行政治建设活动。人存在于一定的社会形式中，社会作为人的存在与发展的载体，通过人与人的交往活动建立社会关系。而政治正是调和人与人之间矛盾的手段，一切政治活动的主体是人本身。政治活动的目的是更好地组织与管理社会，使

① 中共中央马克思恩格斯列宁斯大林著作编译局．马克思恩格斯全集：第46卷（上）[M]．北京：人民出版社，1979：486.

人类社会的一切社会实践活动秩序化、规范化发展。与此同时，人们通过参加政治活动不断地提升自己参与政治生活、管理社会、治理国家的能力，从而维护人自身的生存与发展权利，满足各种利益诉求，实现社会公平正义，人的主体性不断地获得解放。

人为了提升自己的精神生活水平以及认识与思维能力而进行文化建设活动。文化建设是实现社会全面进步的重要方式，也是社会进步的重要标志。大力建设学校以及科研、文化场馆，不断加强科学教育水平，开启民智，培养审美情趣、陶冶情操、提升人的精神境界，提高人的素质。人的文化建设活动促进人自身成为有文化、有道德、有理想的人，这为社会全面进步提供了强大的精神动力和智力支持，从而提升人的精神活动能力，创造丰富的精神财富。

社会经济、政治、文化建设都是人的发展的外化的产物。人作为社会主体，是不断推动社会全面进步的创造者，是社会全面进步尺度的衡量者。社会全面进步就是主体本身的全面发展，人在其生存与发展的实践活动中创造人类社会历史，并推动着社会不断发展进步。社会全面进步的历史正是主体自我发展、自我完善的历史，社会的发展程度是人的发展程度的外在表现。因此，人的全面发展是人自身的建设与发展的结果，社会的存在及其全面进步的发展依赖于人的需要，社会全面进步只是实现人的全面发展目标的工具与手段。

（四）人的全面发展是社会全面进步的价值基础

社会全面进步的实现依赖于人的全面发展，人的全面发展又是社会全面进步的目标。进入新发展阶段，以习近平同志为核心的党中央坚持以人民为中心的发展思想和全民共建共享的新发展理念，共享发展是中国特色社会主义的内在要求，是共同富裕的本质，是人的全面发展的必然性。"共建才能共享，共建的过程也是共享的过程。要充分发扬民主，广泛汇聚民智，最大激发民力，形成人人参与、人人尽力、人人都有成就感的生动局面。"① 在追求全民共建、共同参与推动共同富裕的同时，也"更加注重通过人的全面发展充分激发发展活力和创造力"②。在共建共享、全面共享中充分激发人民的积极性、创造性，为中国特色社会主义建设创造价值，没有全体人民的共同参与和努力奋斗就不可能有共同富裕的社会，坚持发展与共享的有机统一，在共建中实现共享，在共享中推动发展，在人人参与共建共享发展的过程中达到共同富裕社会。这充分体现出人民的社会主体地位。继续解放与发展生产力，不断增加社会财富，缩小贫富差距，推进社会公平，保障民生，维护社会稳定，筑牢共同富裕的经济基础。没有人的全面发展就不可能实现社会全面进步，而社会全面进步的实现程度越高越有利

---

① 习近平. 习近平谈治国理政：第 2 卷 [M]. 北京：外文出版社，2017：215—216.

② 习近平. 在庆祝海南建省办经济特区 30 周年大会上的讲话 [N]. 人民日报，2018-04-14：12.

于实现人的全面发展的价值目标。

二、社会全面进步为人的全面发展提供现实基础

（一）社会全面进步为人的全面发展创造环境条件

社会全面进步不仅体现在生产力的发展水平以及社会文明的整体发展水平上，还体现在政治、经济、文化、生态等社会客观条件的总和能够不断地提高人的生存与发展水平。具体来说，社会全面进步最显著的特征是社会物质财富的充裕，满足社会所有成员的生存与发展需求，在保证社会物质财富量的基础上，不断建构与完善社会的政治、文化、生态等各领域的全面发展，这是社会财富与社会文明高度发展的理想社会状态，在这里满足了人除了生存以外想要生活的更好的发展需求。社会全面进步为人的全面发展创造了有利条件，只有在全面发展与整体进步的社会中才能产生全面发展的人，人是不可能在扭曲、畸形的社会中获得全面发展，只能从全面发展的社会中获取人自身发展的全面性与自由性。人是具有自然属性与社会属性的有机统一体，社会发展只有在量和质上满足人的多元化的、不断发展的、无限丰富性的需要才能为人的发展提供切实的保障。

社会富裕水平的单纯提高，并不代表人的生存与发展程度就提高了，社会富裕的成果不会自己以公正平等的原则实现普遍化。一些西方资本主义发达国家社会物质财富丰富，但两极

分化问题严重，一部分人有能力与条件实现一定程度上的全面发展，而另一部分人的生存困境依然存在，社会被贫富差距所割裂，这一人的发展困境背离了社会发展的目的。人的本性要求社会发展的公正平等性，这是人的发展的客观要求，也是社会发展的客观规律。社会发展与人的发展是一致的，任何一方面的发展断裂，都会在一定程度上阻碍二者的发展。因此，必须从根本上推翻影响社会生产力与人的发展的生产关系因素。社会发展的目的是人，人的全面发展是社会发展的基本原则，遵循人的本性与社会发展的客观规律，克服资本主义趋利倾向的私有制与旧式分工的生产关系，建立起公平正义的社会主义的所有制与分配机制，从根本上解决财富生产与分配的平等问题来满足社会所有成员对生存与发展的诉求。这需要生产力与生产关系的协同并进，社会发展过程中要在量和质上保障人的发展需求。

社会全面进步体现在经济生活、政治生活、文化生活的和谐丰富以及生态良好的全面发展的社会状态。"人民美好生活需要日益广泛，不仅对物质文化生活提出了更高要求，而且在民主、法治、公平、正义、安全、环境等方面的要求日益增长。"① 因此，社会发展在现代化建设中应该包括社会经济、

---

① 习近平. 决胜全面建成小康社会 夺取新时代中国特色社会主义伟大胜利——在中国共产党第十九次全国代表大会上的报告［M］. 北京：人民出版社，2017：11.

政治、文化、生态等方方面面，体现出社会发展的全面性。社会有机体内各组成部分之间是协同并进的整体，社会各个部分相互支撑才能保持平衡与充分的发展，而不是局部的、单方面的发展，"发展必定意味着社会机体各个环节、各个层面以及各种成分的相互促进、共同发展"①。社会发展缺少任何一部分都会导致不平衡不充分的问题，进而会出现更多不和谐因素阻碍社会与人的和谐发展。因此，社会全面进步必须推进政治、经济、文化、生态的全面协同发展，从而保障人的全面发展。

人的发展的主客观条件，人的需要的发展及其满足程度，人的社会关系发展及其全面、丰富与和谐程度，都是社会发展水平的具体体现。社会不断向全面性发展，成为全面协同发展的有机整体，这是人民对物质、精神、政治、社会、生态生活都要富裕的内在要求。因此，社会发展内容应该包括社会经济、政治、文化、生态等方方面面，优化社会的经济结构、政治结构、文化结构、社会结构、生态结构以及阶层结构，各项社会制度不断调整与完善②，不断构建社会财富与社会文明高度发展的全面发展的社会。社会发展只有在质和量上满足人的多元化的、不断发展的、无限丰富性的需要才能实现人的自由全面发展，人不可能在扭曲、畸形的社会中获得全面发展。

---

① 吴忠民，刘祖云. 发展社会学 [M]. 北京：高等教育出版社，2002：361.
② 贾则琴，龚晓莺. 新时代共同富裕的时代内涵、长效困境与实现路径 [J]. 新疆社会科学，2022 (4).

（二）社会全面进步中实现人的全面发展

社会全面进步有个从社会发展低级阶段到高级阶段的发展过程。社会进步的过程是社会生产力不断发展的基础上社会形态的不断演进，社会物质财富与精神财富的充分涌流，制度文明全面发展，完善的社会经济建设、政治建设、文化建设，人们的物质生活水平极高度发展，这些都是人的活动的结果，因而可以说社会进步的实质是人的发展。社会进步与人的发展相互作用、相互促进。就社会发展对人的发展的影响来说，人作为社会存在物，人的发展有赖于社会进步，人的生存与发展需要一定的社会环境条件，一定的社会物质条件和社会关系、社会文化等制约着人的发展。人的发展在每一次推进过程中都离不开社会环境条件的发展，在社会发展与人的发展关系中，社会发展的目的是为人的发展提供更好的社会环境条件，反过来，以人的发展引领社会发展，最终目的是以社会全面进步来促进、支撑人的全面发展。

人的发展对社会环境具有依赖性，所以社会发展要有利于人的发展，社会进步应与人的发展相一致。社会发展与人的发展并不总是相互促进与相互适应，实际上社会发展并没有始终以人的发展为目的，社会发展水平与人的发展程度之间不会始终呈现线性对应的直接的关系。在某一时期会出现社会发展与人的发展对立的局面，会产生一些矛盾，相互成为发展的桎梏。在现实中，社会发展与人的发展之间不会自然而然地相互适应和相互促进，不会始终呈现出直接的、线性对应的关系。这就需要协调社会发展与人的发展的关系，社会发展始终要以人的发展为衡量尺度，只有能够创造有利于人的发展的社会环境条件并不断促进人的全面发展的社会才是进步的社会，反之，是落后的社会。

三、人的全面发展与社会全面进步的统一性最终都体现在人的全面发展上

社会进步与人的发展相统一，社会发展以人的发展为其价值取向，人是社会发展的目的和内在动力，要充分肯定人的主体地位和作用，必须以满足人的生存与发展需要作为社会发展的一切出发点与落脚点，不断推进人的全面发展。也就是说人的发展是经济社会发展的内在动力，同时又是经济社会发展结果的享受者。因此，社会的发展根本目的在于人的发展，最终归属是人的全面发展，没有人的发展社会将不会实现持久的发展进步，发展也将没有任何意义。

以人的全面发展引领社会的全面进步。在早期社会发展阶段，生产力极其低下，经济发展水平落后，因而社会发展的主要目标和主要任务是实现单纯的经济快速增长，但社会发展并不等同于经济的增长。这一时期忽视了社会发展的全面性、协调性和可持续性，忽视了经济建设与生态环境建设之间的关系以及经济发展与社会公平的问题，从而阻碍社会全面进步与人

的全面发展。人是创造社会的主体，没有人的存在及其活动就不会形成社会，人类的社会建设与发展的活动是为了达到实现自身发展的目的，因而人才是社会发展的真正目的。社会发展是人为实现自由全面发展的一种手段，人通过创造并不断改善社会环境条件为自身的生存与发展提供更有利的前提条件，归根结底都是为了人自身的发展服务。也就是说社会经济建设只是为达成人的自我发展与自我完善这一目的的工具与手段。因此，社会发展必须以人的发展为出发点与落脚点，促进经济建设的同时，也要不断地对社会关系进行调整，满足人的不断增长的发展需要，促进社会公平，让一切发展成果惠及至全体社会成员。只有对这些有清醒的认识，才能不断地推进社会发展与人的发展，在实现二者的统一中推进人的全面发展。

习近平总书记深刻剖析了新时代中国特色社会主义社会主要矛盾发生历史性转变，而解决一切问题的关键是发展，并提出新发展理念，"发展必须是科学发展，必须坚定不移贯彻创新、协调、绿色、开放、共享的发展理念"①。以新发展理念推动人的全面发展，习近平总书记在党的十九大报告中指出："我们要在继续推动发展的基础上，着力解决好发展不平衡不充分问题，大力提升发展质量和效益，更好满足人民在经济、

---

① 习近平．决胜全面建成小康社会 夺取新时代中国特色社会主义伟大胜利——在中国共产党第十九次全国代表大会上的报告［M］．北京：人民出版社，2017：21.

政治、文化、社会、生态等方面日益增长的需要，更好推动人的全面发展、社会全面进步。"[1] 要实现中华民族伟大复兴的中国梦，不断地满足人民的美好生活需要，将发展作为党执政兴国的第一要务。新时代中国特色社会主义社会强调"必须坚持以人民为中心的发展思想，不断促进人的全面发展、全体人民共同富裕"[2]。将人的全面发展作为一切发展的核心，体现出人的全面发展与社会全面进步的统一是发展总目标。

社会发展是整体性范畴，内容广泛而丰富，包括政治、经济、文化、生态等各方面的发展，社会一切方面的发展都是现实的人在社会各领域中具体活动的展开，全面发展的社会是人在社会各领域活动的丰富性与全面性的具体表现，进而从整体上推动社会的全面发展。社会发展的目的是人的发展，离开人的发展就没有社会的发展，社会发展也就背离其发展的价值与意义并失去其发展的方向，因此，人与社会的发展具有一致的趋向。社会全面进步的实现过程实质上是人的全面发展的过程。

我们可以从历史和现实中反复得到确证，坚持人民的根本立场是我们党取得各项事业成功的重要保障，"以人民为中心"作为新时代中国特色社会主义基本方略的重要内容，回答了实

---

① 习近平. 决胜全面建成小康社会　夺取新时代中国特色社会主义伟大胜利——在中国共产党第十九次全国代表大会上的报告 [M]. 北京：人民出版社，2017：11—12.

② 习近平. 决胜全面建成小康社会　夺取新时代中国特色社会主义伟大胜利——在中国共产党第十九次全国代表大会上的报告 [M]. 北京：人民出版社，2017：19.

现什么样的发展，怎样发展，发展为了谁、依靠谁，发展成果由谁共享的基本问题。以人民为中心的发展思想深深扎根于中国共产党的指导思想，这是社会历史发展的客观要求，也是遵循人类社会发展客观规律的必然性。

社会全面进步和人的全面发展是历史演进的同一过程，二者相辅相成，社会经济发展程度越高就越是对社会科技、教育、文化、卫生等方面的发展提出更高要求，培育一代又一代高素质人才，创造更多的财富来推动社会经济发展，全体人民是历史发展的动力源泉。"进一步明确经济发展以社会发展为目的，社会发展以人的发展为归宿，人的发展以精神文化为内核。"① 人的发展是经济发展以及社会发展进步的唯一推动力，社会发展的成果都是人的发展的结果，推动社会全面进步是为了满足人民对美好生活的追求，人民作为社会全面进步的唯一创造主体推动社会发展、创造更多社会财富的出发点是为了服务于人自身的发展，所以必然将人的全面发展作为一切发展的核心。因此，人的全面发展与社会全面进步具有一致的趋向，同时人的全面发展与社会全面进步的统一关系最终都体现在人的全面发展上。

---

① 习近平. 之江新语［M］. 杭州：浙江人民出版社，2007：150.

参考文献

（一）著作

[1] 马克思，恩格斯 . 马克思恩格斯文集：第 1—10 卷 [M] . 北京：人民出版社，2009.

[2] 马克思，恩格斯 . 马克思恩格斯选集：第 1—4 卷 [M] . 北京：人民出版社，2012.

[3] 马克思，恩格斯 . 马克思恩格斯全集：第 3 卷 [M] . 北京：人民出版社，1960.

[4] 马克思，恩格斯 . 马克思恩格斯全集：第 13 卷 [M] . 北京：人民出版社，1962.

[5] 马克思，恩格斯 . 马克思恩格斯全集：第 19 卷 [M] . 北京：人民出版社，1963.

[6] 马克思，恩格斯 . 马克思恩格斯全集：第 20 卷 [M] . 北京：人民出版社，1971.

［7］马克思，恩格斯．马克思恩格斯全集：第 21 卷［M］．北京：人民出版社，1965．

［8］马克思，恩格斯．马克思恩格斯全集：第 30 卷［M］．北京：人民出版社，1960．

［9］马克思，恩格斯．马克思恩格斯全集：第 31 卷［M］．北京：人民出版社，1972．

［10］马克思，恩格斯．马克思恩格斯全集：第 42 卷［M］．北京：人民出版社，1979．

［11］马克思，恩格斯．马克思恩格斯全集：第 2 卷［M］．北京：人民出版社，1957．

［12］列宁．列宁全集：第 31 卷［M］．北京：人民出版社，2017．

［13］列宁．列宁选集：第 1—4 卷［M］．北京：人民出版社，2012．

［14］毛泽东．毛泽东选集：第 1—4 卷［M］．北京：人民出版社，1991．

［15］毛泽东．毛泽东文集：第 1—8 卷［M］．北京：人民出版社，1993—1999．

［16］邓小平．邓小平文选：第 1—2 卷［M］．北京：人民出版社，1994．

［17］邓小平．邓小平文选：第 3 卷［M］．北京：人民出版社，1993．

［18］陈先达，靳辉明．马克思早期思想研究［M］．北京：北京出版社，1983．

［19］陈先达．走向历史深处——马克思历史观研究［M］．北京：中国人民大学出版社，2010．

［20］陈先达．马克思主义基础理论若干重大问题研究［M］．北京：经济科学出版社，2009．

［21］陈先达．被肢解的马克思［M］．上海：上海人民出版社，2016．

［22］陈先达．马克思早期思想研究［M］．北京：中国人民大学出版社，2006．

［23］顾海良．马克思主义发展史［M］．北京：中国人民大学出版社，2009．

［24］孙正聿．哲学通论［M］．上海：复旦大学出版社，2008．

［25］孙正聿．理论思维的前提批判：论辩证法的批判本性［M］．沈阳：辽宁人民出版社，1992．

［26］丰子义．发展的呼唤与回应［M］．北京：北京师范大学出版社，2009．

［27］丰子义．发展的反思与探索［M］．北京：中国人民大学出版社，2006．

［28］丰子义．现代化的理论基础 马克思现代社会发展理论研究［M］．北京：北京师范大学出版社，2017．

［29］杨耕. 唯物主义的现代形态——实践唯物主义研究［M］. 北京：中国人民大学出版社，2012.

［30］杨耕. 危机中的重建——唯物主义历史观的现代阐释［M］. 武汉：武汉大学出版社，2012.

［31］杨耕. 为马克思辩护——对马克思主义哲学的一种新解读［M］. 北京：中国人民大学出版社，2010.

［32］孙伯鍨. 探索者道路的探索——青年马克思恩格斯哲学思想研究［M］. 南京：南京大学出版社，2002.

［33］孙伯鍨，张一兵. 走进马克思［M］. 南京：江苏人民出版社，2007.

［34］张一兵. 马克思历史辩证法的主体向度［M］. 南京：南京大学出版社，2002.

［35］袁贵仁. 马克思主义人学理论研究［M］. 北京：北京师范大学出版社，2012.

［36］韩庆祥. 马克思人学思想研究［M］. 郑州：河南人民出版社，1996.

［37］韩庆祥. 现实逻辑中的人：马克思的人学理论研究［M］. 北京：北京师范大学出版社，2017.

［38］韩庆祥、邹诗鹏. 人学：人的问题的当代阐释［M］. 昆明：云南人民出版社，2001.

［39］邹诗鹏. 人学的生存论基础——问题清理与论域开辟［M］. 武汉：华中科技大学出版社，2001.

[40] 李德顺.邓小平人民主体价值观思想研究 [M].北京：北京出版社，2004.

[41] 衣芳等.人民群众主体论——群众观、党群关系、群众工作理论研究 [M].北京：人民出版社，2008.

[42] 白刚.回到《资本论》：21世纪的"政治经济学批判"[M].北京：人民出版社，2018.

[43] 吴晓明.马克思早期思想的逻辑发展 [M].昆明：云南人民出版社，1993.

[44] 罗克全.最小国家的极大值——诺齐克国家观研究 [M].北京：社会科学文献出版社，2005.

[45] 刘曙光.人的活动与社会历史发展规律的关系 [M].北京：民族出版社，2002.

[46] 陈志尚.人学原理 [M].北京：北京出版社，2005.

[47] 黄楠森主编.人学原理 [M].贵州：广西人民出版社，2000.

[48] 夏甄陶.人是什么 [M].北京：商务印书馆，2000.

[49] 刘林.社会发展理论与实践 [M].哈尔滨：黑龙江大学出版社，2010.

[50] 张嘉同，沈小峰.规律新论 [M].北京：中共中央党校出版社，1993.

[51] 商逾.马克思历史决定论及其历史命运 [M].济南：山东大学出版社，2003.

［52］商逾．历史规律的作用机制［M］．济南：山东人民出版社，2008．

［53］李为善、刘奔主编．主体性和哲学基本问题［M］．北京：中央文献出版社，2002．

［54］郭湛．主体性哲学——人的存在及其意义［M］．昆明：云南人民出版社，2002．

［55］欧阳谦．人的主体性和人的解放：西方马克思主义的文化哲学初探［M］．济南：山东文艺出版社，1986．

［56］王祖华．历史的规律与历史的真相［M］．上海：学林出版社，2007．

［57］翟英范．自然、人和人类社会［M］．北京：中国人民公安大学出版社，2003．

［58］陈志尚．人的自由全面发展论［M］．北京：中国人民大学出版社，2004．

［59］韩震．生成的存在——关于人和社会的哲学思考［M］．北京：北京师范大学出版社，1996．

［60］王晓霞．社会发展与人的发展［M］．天津：天津古籍出版社，2002．

［61］徐春．人的发展论［M］．北京：中国人民公安大学出版社，2007．

［62］陈新夏．人的尺度——主体尺度研究［M］．长沙：湖南人民出版社，1995．

[63] 华岗. 规律论 [M]. 北京：人民出版社，1982.

[64] 叶泽雄. 当代社会发展观理论 [M]. 武汉：华中科技大学出版社，2008.

[65] 周穗明，翁寒松. 马克思主义哲学导论 [M]. 北京：华夏出版社，1990.

[66] 刘建新. 马克思现代性批判视域中的人的全面发展 [M]. 北京：人民出版社，2014.

[67] 杨东升. 促进人的全面发展研究 [M]. 北京：中国文联出版社，2007.

[68] 张文喜. 马克思论"大写的人" [M]. 北京：社会科学文献出版社，2004.

[69] 刘森林. 追寻主体 [M]. 北京：社会科学文献出版社，2008.

[70] 尚英伟，徐梦秋. 主体论——从马克思到毛泽东 [M]. 厦门：厦门大学出版社，1995.

[71] 肖铁肩. 领袖心中的上帝——毛泽东的人民观 [M]. 西安：陕西师范大学出版社，1993.

[72] 赵常林. 马克思早期哲学思想研究 [M]. 北京：北京大学出版社，1987.

[73] 黄克剑. 人韵——一种对马克思的解读 [M]. 北京：东方出版社，1997.

[74] 顾相伟. 马克思人的全面发展思想及其当代发展研

究 [M]. 上海：复旦大学出版社，2016.

[75] 孙乃龙. 现实的主体何以可能：马克思主义哲学主体概念研究 [M]. 北京：中国社会科学出版社，2011.

[76] 张艳玲. 论"以人为本"：从马克思的唯物史观到科学发展观 [M]. 北京：中国社会科学出版社，2010.

[77] 郭晶."主体性"的当代合理性：马克思的主体性思想研究 [M]. 北京：中国社会科学出版社，2015.

[78] 黄树光. 马克思人的解放理论与马克思历史观 [M]. 南昌：江西人民出版社，2011.

[79] 吴韵曦. 平等的理想与现实：社会主义五百年平等问题研究 [M]. 北京：人民日报出版社，2016.

[80] 中共中央党校马克思主义理论教研部 中国马克思主义研究基金会. 马克思主义关于人的学说 [M]. 北京：人民出版社，2015.

[81] 王盛辉."自由个性"及其历史生成研究——基于马克思恩格斯文本整体解读的新视角 [M]. 北京：人民出版社，2011.

[82] 曾长秋. 马克思主义的历史与现实 [M]. 长沙：中南大学出版社，2008.

[83] 孙显蔚. 批判性思维的现代辨识——马克思社会批判理论方法论研究 [M]. 北京：中国地质大学出版社，2012.

[84] 朱长兵. 马克思对黑格尔辩证法的扬弃 [M]. 北

京：中央编译出版社，2018.

[85] 陈培永. 什么是人民、阶级及其他：以马克思的名义 [M]. 南京：江苏人民出版社，2018.

[86] 程广云. 马克思的三大批判：法哲学、政治经济学和形而上学 [M]. 北京：人民大学出版社，2018.

[87] 罗岗. 人民至上：从"人民当家作主"到"社会共同富裕" [M]. 上海：上海人民出版社，2012.

[88] 李慎明. 共同富裕与中国特色社会主义 [M]. 北京：中国社会科学出版社. 2011.

[89] 宗开宝. 共同富裕论——思想理论与实证 [M]. 北京：中国环境科学出版社. 2011.

[90] 袁琳. 马克思主义社会建设理论中国化研究 [M]. 北京：中国社会科学出版社，2019.

[91] 黄斌. 传承与创新：马克思的社会形态理论与中国道路 [M]. 北京：中国社会科学出版社，2014.

[92] 孙进. 毛泽东平等思想研究 [M]. 成都：电子科技大学出版社，2017.

[93] 杨文森. 共同富裕：理论、实践与挑战 [M]. 北京：社会科学文献出版社. 2013.

[94] 洪光东. 马克思社会形态理论及其中国实践研究 [M]. 北京：人民出版社，2016.

[95] 苑申成. 中国共产党平等思想研究 [M]. 郑州：郑

州大学出版社，2016.

[96] 郝敬之. 回到整体马克思——《回到马克思》质疑 [M]. 北京：人民出版社，2014.

[97] 陈金龙. 马克思主义中国化进程中的话语建构 [M]. 广州：中山大学出版社，2020.

[98] 纪亚光. 中国近现代史基本问题研究 [M]. 北京：北京师范大学出版社，2019.

[99] 关海庭. 中国近现代政治发展史 [M]. 北京：北京大学出版社，2005.

[100] 肖潇. 马克思人的发展理论及其当代中国论域 [M]. 武汉：湖北人民出版社，2014.

[101] 王义军. 从主体性原则到实践哲学 [M]. 北京：中国社会科学出版社，2002.

[102] 何玲玲. 马克思人的发展与社会发展关系理论研究 [M]. 北京：人民出版社，2014.

（二）期刊论文与学位论文

[1] 陈先达. 社会规律的特点和主体的选择 [J]. 高校理论战线，1996（5）：29—32.

[2] 陈先达. 马克思主义的社会形态理论与和谐社会的构建 [J]. 马克思主义研究，2006（9）：5—12.

[3] 陈先达. 论唯物主义历史观的本质与当代价值 [J].

高校理论战线，2002（5）：35—44.

　　[4] 丰子义. 马克思社会发展理论的当代价值——兼论其把握方式与寻求途径 [J]. 北京大学学报（哲学社会科学版），2006（4）：35—42.

　　[5] 丰子义. 历史决定论研究的当代价值——读《辩证的历史决定论》[J]. 哲学研究，2008（10）：117—121.

　　[6] 杨耕. 历史决定论：历史的考察和现状的分析 [J]. 求是学刊，2002：37—44.

　　[7] 仰海峰. 人的存在与自由 ——马克思关于人的五个论题 [J]. 武汉大学学报（哲学社会科学版），2018（1）：17—27.

　　[8] 张奎良. 人的本质：马克思对哲学最高问题的回应 [J]. 北京大学学报（哲学社会科学版），2015（9）：5—17.

　　[9] 张奎良. 马克思人的本质思想的全景展示 [J]. 天津社会科学，2014（1）：4—13.

　　[10] 张奎良. 马克思人的本质概念的演绎程序 [J]. 马克思主义研究，2014（11）：68—76.

　　[11] 张奎良. 关于马克思人的本质问题的再思考 [J]. 哲学动态，2011（8）：5—11.

　　[12] 张奎良，孙晶. 马克思"人的发展的本质"释义 [J]. 黑龙江社会科学，2016（1）：1—6.

　　[13] 张曙光. 对社会规律与人类活动的关系的再思考 [J]. 哲学研究，1998（6）：17—25.

[14] 张曙光. 从历史决定论到历史选择论——对马克思主义历史观的再认识 [J]. 学习月刊, 1995 (4): 31—37.

[15] 张曙光. 社会规律研究的方法论刍议 [J]. 中州学刊, 1988 (4): 34—36.

[16] 董晓辉. 朝着实现全体人民共同富裕不断迈进 [J]. 经济, 2021 (19): 35—37.

[17] 庄国雄. 关于历史规律存在问题的哲学考察 [J]. 复旦学报 (社会科学版), 2002 (5): 47—52.

[18] 袁银传. 社会历史有无规律之争及其科学解答 [J]. 马克思主义研究, 2004 (6): 92—96.

[19] 商逾. 论历史规律起作用的机制及其实现 [J]. 理论学刊, 2003 (1): 29—32.

[20] 何怀远. 论社会规律的发生机制 [J]. 江海学刊, 1994 (6): 82—87.

[21] 刘慧群. 论社会规律的客观性与主体性 [J]. 四川大学学报, 1989 (2): 10—15.

[22] 曹健华. 社会规律的主体性诠释 [J]. 广东社会科学, 1998 (4): 46—50.

[23] 刘福森. 社会规律的性质与形式 [J]. 吉林大学社会科学学报, 1993 (2): 1—6.

[24] 孙月才. 历史规律的客观性 [J]. 毛泽东邓小平理论研究, 1997 (4): 69—73.

[25] 吴向东. 论人的全面发展何以可能 [J]. 学术月刊, 2003 (8)：34—38.

[26] 王伦光. 论和谐社会与人的全面发展 [J]. 理论探讨, 2006 (3)：21—23.

[27] 冯颖红. 论主客关系中的人的发展 [J]. 马克思主义与现实, 2008 (4)：199—201.

[28] 盂庆仁. 论人的发展道路 [J]. 齐鲁学刊, 2008 (2)：58—64.

[29] 王孝哲. 论人的发展及其动力 [J]. 安徽大学学报 (哲学社会科学版), 2008 (1)：13—18.

[30] 王喜平. 人的发展：内在动因和社会条件 [J]. 理论探索, 2008 (6)：12—15.

[31] 陈新夏. 人的发展视阈中的经济增长与社会发展 [J]. 学习与探索, 2012 (9)：36—41.

[32] 陈媛. 人的发展的价值维度和当代价值取向 [J]. 道德与文明, 2012 (6)：44—48.

[33] 陈琳. 人的全面发展：提升社会质量的根本途径 [J]. 学术前沿, 2020 (2)：106—111.

[34] 李隽, 乔瑞金. 主体与实践的逻辑关系探析——兼论西方马克思主义对马克思主义哲学的重建路径 [J]. 理论探索, 2019 (5)：27—34.

[35] 陈新夏. 人的发展价值取向的总体性 [J]. 北京大

学学报（哲学社会科学版），2017（1）：17—24.

[36] 顾相伟. 马克思人的全面发展思想的当代价值研究 [D]. 上海师范大学，2010.

[37] 张立鹏. 马克思人的全面发展理论及其在当代中国实现条件研究 [D]. 苏州大学，2014.

[38] 何海燕. 马克思人的解放思想的哲学研究 [D]. 中共中央党校，2016.

[39] 韩蒙. 马克思人的发展理论及其中国化研究 [D]. 电子科技大学，2016.